王艳波 著

创始人关键性资源
对民营上市公司控制权配置与
企业绩效的影响研究

CHUANG SHI REN GUAN JIAN XING ZI YUAN DUI MIN YING SHANG SHI GONG SI KONG ZHI QUAN PEI ZHI YU
QI YE JI XIAO DE YING XIANG YAN JIU

经济管理出版社
ECONOMY & MANAGEMENT PUBLISHING HOUSE

图书在版编目（CIP）数据

创始人关键性资源对民营上市公司控制权配置与企业
绩效的影响研究 / 王艳波著. -- 北京 ：经济管理出版
社，2024. -- ISBN 978-7-5096-9792-4

Ⅰ . F272.5

中国国家版本馆 CIP 数据核字第 2024WT7071 号

组稿编辑：张馨予
责任编辑：张馨予　姜玉满
责任印制：许　艳
责任校对：王淑卿

出版发行：经济管理出版社
　　　　　（北京市海淀区北蜂窝 8 号中雅大厦 A 座 11 层　100038）
网　　　址：www.E-mp.com.cn
电　　话：（010）51915602
印　　刷：北京晨旭印刷厂
经　　销：新华书店
开　　本：720mm×1000mm/16
印　　张：10.5
字　　数：175 千字
版　　次：2024 年 12 月第 1 版　　2024 年 12 月第 1 次印刷
书　　号：ISBN 978-7-5096-9792-4
定　　价：98.00 元

前　言

　　控制权配置是公司治理理论与实践研究的核心问题之一。在民营企业发展的不同阶段，创始人异质性资源的重要程度不同，企业对其资源的依赖强弱不同，也决定了创始人的治理角色与控制权配置的差异。以股权资本为基础的控制权配置模式，缺乏对创始人关系构建、实际控制权配置以及资源互补对价值创造作用问题的充分解释，创始人与创始人资源在控制权配置、企业价值创造中的作用不可忽视。本书将研究问题聚焦于创始人关键性资源、控制权配置与民营企业绩效之间的影响关系，试图通过探索三者之间的内在影响机理，完善控制权配置理论、企业成长理论，进一步为民营企业选择合理的成长路径提供有益借鉴。

　　基于研究目标，本书构建了"创始人关键性资源—控制权配置—民营企业绩效"的理论分析框架，主要从三个方面展开研究：首先，控制权来源视角下创始人关键性资源由哪些特征维度构成？其次，创始人关键性资源是否对民营上市公司的控制权配置产生显著影响？最后，民营上市公司基于创始人保护的控制权配置是否对企业绩效产生显著影响？民营上市公司基于创始人保护的控制权配置是否在创始人关键性资源与民营企业绩效中起到中介作用？

　　为解决上述问题，本书选取 2010～2018 年在 A 股市场首先发行股票（IPO）的民营上市公司为初始样本，通过文献梳理与述评、探索性案例分析、理论推演与模型构建以及实证检验等方法进行分析，最终得到主要研究结论如下：

　　第一，创始人关键性资源对民营上市公司控制权配置有显著影响。创始人关键性资源是其能否取得控制权的关键因素，创始人关键性资源越丰裕，民营上市公司控制权配置越有利于创始人控制权保护。同时，区域制度环境对创始人关键性资源与控制权配置之间的关系起调节作用。随着制度环境中市场化进程的提高，上市公司面临的制度环境、市场环境将会更加完善，非正式机制的作用随之减弱，创始人关键性资源对上市公司控制权配置的影响也会减弱，即市场化进程越高的地区，创始人关键性资源对上市公司控制权配置的影响越小。

第二，民营上市公司基于创始人保护的控制权配置对民营企业绩效有显著影响。与非创始人相比，民营上市公司基于创始人保护的控制权配置与公司业绩显著正相关、与业绩波动显著负相关，且创始人管理对公司业绩影响的长期效应大于短期效应。创始人掌握上市公司控制权，不仅仅是个人意愿，更是企业获得长久、持续发展，保持基业长青的必然选择。

第三，控制权配置对创始人关键性资源与民营企业绩效之间关系具有中介作用。创始人关键性资源的影响首先作用于控制权配置上，民营上市公司创始人可以通过对关键性资源的动用增强其在公司中的话语权、董事会的支持以及企业经营决策的影响力，进一步降低代理成本，提高董事会决策效率，进而促进民营企业绩效。

相对于现有研究文献，本书的创新点包括：

第一，以往研究多以成熟大公司为研究样本，本书以事件驱动的里程碑（上市）为研究起点，实证检验了民营企业上市后至少短期内应该为创始人提供控制权保护，这是对该领域研究的有益补充。

第二，本书将以往资源基础理论研究中对企业资源的分析进一步深入到对资源拥有者的分析，即创始人关键性资源，将创始人关键性资源细分为财务性资源、知识性资源和关系性资源三个层面，构建创始人关键性资源的多维指标测量体系，为科学解析创始人关键性资源对控制权配置的影响提供依据，拓展了控制权来源方面的研究。

第三，本书将民营上市公司基于创始人保护的控制权配置作为中介变量，深入探讨创始人关键性资源、控制权配置与民营企业绩效三者之间的内在影响机理，分析创始人关键性资源对民营上市公司控制权配置的影响，进而间接作用于公司绩效和价值创造，深化了公司治理理论的研究。

目 录

第一章 绪论

第一节 研究背景与意义

一、研究背景

1. 实践背景

控制权配置是公司治理理论研究与现代企业实践的核心课题之一（Burkart et al.，2003）。据世界著名会计师事务所安永会计师事务所统计，中国市场自 2007 年以来就成为全球 IPO 的主力军，2017 年中国 A 股几乎贡献了当年全球股市 IPO 数量的 1/4，继续领跑全球股市。然而，相较于民营企业的发展速度，其企业治理改革的能力和进程还略显不足与滞后，很多知名民营企业历经艰辛获得融资上市后，在与资本方合作过程中屡发冲突，甚至因争夺控制权而激烈博弈，由此深陷控制权困局。

改革开放以来，伴随着民营企业的高成长性，创始人为支撑企业成长往往会多次引入机构投资者，或通过股权、期权的方式引进高管人才，创始人持有公司股权数量随之逐步稀释，其最大股东地位也可能受到动摇，从而导致创始人与投资方或联合创始人的控制权争夺问题时有发生，如国美控制权之争、雷士"兵变"、阿里巴巴与雅虎之争、"宝万之争"以及当当控制权之争等。在此过程中，一旦创始人失去企业的经营控制权，公司的战略甚至发展方向往往得不到保证，严重影响企业业绩与发展潜力。例如，成立于 2004 年、曾是中国最大母婴用品网上商城的红孩子，在资本的意志战胜创始人的坚持后，联合创始人郭涛在 2007 年离开、李阳在 2008 年被投资方驱逐后，终在 2009 年后出现业绩萎缩、增长减缓，最终被苏宁易购收购。全球访问量最大的汽车网站汽车之家，80 后创始人李想被资本驱逐后，自 2016 年起就因股权之争而命运多舛，时隔一年，汽车之家"平安化"后管理层再生变动，这家历史最高市值曾超 60 亿美元的上市公司，在一系列股东、公司变动后股价大跌，引起业界一片哗然。作为全球首家"团购+签到"网站的拉手网，创始人吴波团队在与投资方的博弈中败北之后，由于被投资人架空，CEO 吴波带着创始团队离职，如今的拉手网已经名存实亡。在我国资本市场接连发生雷士"兵变""国美之争""宝万之争"等多次控制权争夺事件后，越来越多的企业或通过修改公司章程，在公司章程中加入保护创始人控制权的条款，或通过海外上市方式加强对企业控制权的保护，控制权保护已引起企业界的重视。

中国的资本市场一直实行较为严格的"一股一票"制度，但近年来，情况出现了较大转变。一方面，大量前景可观的中国企业使用双层股权结构赴美上市，引起了国内各界对是否应当放松股权结构限制的激烈讨论；另一方面，我国资本市场股权分散程度的深化和此起彼伏的企业控制权争夺事件，增大了市场探索双层股权结构等新型控制权分配机制的必要性。在市场发展与制度进步的大环境下，2018 年以来，自香港允许采用双层股权结构的公司在香港交易所上市后，内地也逐渐开始允许部分已采用双层股权结构的境外上市公司进入境内资本市场，2019 年 6 月，科创板正式开板。

作为一种独特的控制权增强机制，尽管这种"同股不同权"的双层股权结构已经获得学术界的广泛接纳，但由于双层股权结构会增大企业的两权分离程度，与传统的"同股同权"原则有显著差异，具体到企业股权融资上，几乎所有研究都认为双层股权结构会增大企业的股权融资难度（Li et al.，2008；Dittmann and Ulbricht，2008；Dey et al.，2016；Lauterbach and Pajuste，2017），进一步加剧企业的委托—代理问题（Smart and Zutter，2003；Ronald et al.，2009；Amoako-Adu et al.，2011；Mcguire et al.，2014），这与实务界对双层股权结构的谨慎态度以及双层股权结构在多数市场仅占 10% 左右的应用率也是高度一致的。各国政府对该种股权结构的态度也十分谨慎，欧美之外允许企业以双层股权结构上市的国家相对较少，而允许该制度的国家也往往设有相关法律以对企业的两种股票投票权比例、重大事项的投票规则、投资者保护或信息披露等方面进行特别的限制（Jason，2017）。

事实上，据估计，企业家受到资源限制的可能性是不受限制的 60 倍（Evans and Jovanovic，1989）。作为交换资源的条件，资源提供者要求"控制和直接组织行动的能力"（Pfeffer and Salancik，1978），特别是在创业领域，投资者担心企业家的阻碍，而控制权是他们为换取投资而要求的主要保护形式（Hellmann，1996），拒绝放弃控制权的企业家应该会发现，吸引投资者变得更加困难。学术研究中，有关创始人控制权保护的研究仍存在一定争论，如瞿旭等（2012）等指出创始人保护现象是公司治理效率低下的体现，创始人保护会加剧"替罪羊效应"（CEO 留任，CFO 离任）而弱化"连坐效应"（CEO 和 CFO 同时离任）；而 Palia 和 Ravid（2002）、贺小刚和张远飞（2012）则认为创始人的堑壕行为是一种"善意"的自我保护，"替罪羊"的离任模式不仅不会降低企业经营绩效，其留任行为反而有利于企业绩效的改进。与传统企业相比，上市初期的创始人既是公司所有者又是经营者和管理者，兼具物质资本所有者和人力资本提供者的双重角色，物质资本与人力资本的矛盾尤为突出。因此，控制权在两者之间的配置问题值得深入探究，在我国资本市场中"同股不同权"刚刚起步探索、"同股同权"仍占主体地位的背景下，民营企业在克服重重障碍成功上市后控制权如何配置以及创始人控制权是否需要保护、在何种条件下进行保护成为企业实践和学者关注的热点。

2. 理论背景

资源基础理论。资源基础理论（Resource-Based Theory，RBT）最早由 Penrose（1959）提出的企业成长理论发展而来。根据资源基础理论的观点，决定企业竞争力差异的根本原因在于异质性资源（Wernerfelt，1984），企业成长的关键要素在于能否获得相关资源的支持（Rumelt，1984；Barney，2009）。当前，有关资源基础理论的相关文献，主要集中在组织层面的一类或几类资源，往往忽略资源的获取和来源问题以及资源所有者的作用。在民营企业成长过程中，从初创、成长到成功上市，企业资源是企业成长及永续发展的重要因素（Dollinger et al.，1995），其中，企业创始人利用自身资源优势推动企业成长过程中所形成的创始人关键性资源集合更是企业价值创造的源泉。因此，从创始人关键性资源角度，研究其对民营上市公司控制权配置以及企业成长的影响问题符合资源基础观的理论视角，同时也是对现有研究内容的深化与拓展。

控制权配置理论。关于控制权配置的研究可以追溯到科斯（Coase，1937）的企业契约理论，继科斯提出将企业视为有别于标准的市场交易契约后，后续研究分别从"完全契约理论"和"不完全契约理论"两个方向给予发展，而 Grossman 和 Hart（1986）、Hart 和 Moore（1990）基于契约的不完全性理论正式开启了控制权配置理论的大门（GHM 模型）。

早期以 GHM 为代表的分析框架强调资本强权观的作用，认为物质资本是控制权的主要来源（Grossman and Hart，1986；Hart and Moore，1990；张维迎，1995）；随着 Philippe 和 Patrick（1992）、Aghion 和 Tirole（1997）等对控制权理论的发展，越来越多的学者逐渐打破传统"资本强权观"的禁锢，突破了早期物质资本作为企业唯一关键资源决定控制权的认知，指出包括人力资本在内的知识、信息、关键技术也是控制权来源的重要构成（周其仁，1996；Rajan，1998；郝云宏、王淑贤，2000；杨其静，2005；Colombo et al.，2009），为控制权理论的发展提供了新的视角。然而，总体而言，无论是强调物质资本决定控制权的"资本雇佣劳动"控制权配置模式，还是强调人力资本决定控制权的"劳动雇佣资本"控制权配置模式，现有层面的探讨对我国社会普遍存在的民营上市公司具体的理论借鉴作用并不大，由于民营上市公司创始人既是企业所有者又是经营者和管理者，不同角色所代表的控制权来源又存在一定差异，基于资源依赖理论（Resource Dependence Theory，RDT），权力源于资源依赖，拥有关键、重要且不可替代资源的一方，总会在相关作用中拥有较大权力。在民营企业发展的不同阶段，创始人异质性资源的重要程度不同，企业对其资源的依赖强弱不同，也决定了创始人的治理角色与控制权配置的差异。以股权资本为基础的控制权配置模式，缺乏对民营上市公司创始人资源异质性、互补性的充分解释，以及对创始人关系构建、实际控制权配置与企业价值创造作用问题的深入探索。基于此，将对控制权配置的理解由"物质资本"延伸到"资源"乃至"创始人资源"，把创始人角色从所有者拓展到经营者和管理者角色，对于充分发挥创始人及其关键性资源在企业价值创造中的作用是不容忽视的。

二、研究意义

1. 实践意义

改革开放以来，随着我国资本市场的不断发展，越来越多的民营企业走上公众化的道路，民营上市公司已经逐步发展成为我国资本市场中的一股重要力量。伴随这一过程，越来越多的控制权争夺事件浮出水面，引起了学术界和实践界的广泛关注，民营上市公司控制权配置问题越发变得现实且迫切。首先，本书从创始人资源角度揭示了创始人关键性资源特征对民营上市公司控制权配置的作用，研究结论旨在引起学界及企业界对企业家精神重视的同时，为民营企业创始人构建、拓展资源以保持控制权地位，以及面临融资约束的民营上市公司如何根据自身资源特征与资源需求构建异质性资源、合理配置控制权，进而促进企业绩效，提供有益的建议和理论支持。

其次，本书针对民营上市公司，探讨基于创始人保护的控制权配置对企业价值的影响，并通过实证检验验证创始人不同关键性资源特征在民营企业成长中发挥的不同调节作用。因此，本书研究结论有助于帮助民营上市公司创始人认识创始人关键性资源影响民营企业绩效的作用路径，提高创始人对民营上市公司控制权配置重要性认识的同时，为民营企业寻求有效治理结构提供帮助，进一步为民营企业选择合理的成长路径提供有益借鉴。

2. 理论意义

资源基础理论原是企业战略管理领域研究的重要分析工具，近年来，越来越多的学者将其运用到控制权配置领域的研究，丰富和拓展了民营企业控制权配置以及民营企业绩效研究的理论视角。诸多研究证实，在民营企业发展过程中，随着民营企业创始人股权资本（财务性资源）的不断稀释，创始人通过构建、动用个人知识性资源和关系性资源对财务性资源进行补充甚至替代，或者通过这三种资源的共同作用实现对企业的控制。创始人关键性资源具有提供民营企业成长所需的战略性资源、缓解融资约束、提高交易信息对称性等优势，从而有利于民营企业绩效。特别是在当前我国资本市场完善程度、融资渠道便利性仍需改善提升的环境下，创始人关键性资源的作用愈加显著。

一方面，以往关于控制权获取和维持问题的研究大多基于股权资本控制链或股权与社会资本双重控制链范式，忽视控制权争夺主战场中对稀缺性、关键性资源的互动和控制的研究；同时，对于创始人关键性资源的构成要素、控制权配置的作用机制以及创始人关键性资源对民营企业绩效的影响路径等方面的理论问题仍有待进一步研究。另一方面，当前控制权理论的主流观点主要是基于西方契约精神下的理论产物，而我国民营企业控制权配置问题由于研究对象不同，尤其是我国具有独特的东方"关系"管理情景，因此简单运用西方控制权研究范式来解释我国民营企业控制权问题缺乏"环境土壤"，在我国经济环境背景下，研究民营上市公司基于创始人保护的控制权配置具有较强的理论价值。

本书立足于我国民营上市公司所处的"关系"情景，提出创始人关键性资源的概念。一方面，将控制权来源研究中对"物质资本""人力资本"的分析进一步深入到"人力资本"背后的"创始人关键性资源"的分析，将创始人关键性资源细分为财务性资源、知识性资源和关系性资源，丰富和拓展了控制权理论的研究。另一方面，将创始人关键性资源和民营上市公司控制权配置有机联系起来，探索基于创始人保护的控制权配置对民营企业绩效的影响，以及这种影响如何因创始人关键性资源的不同作用而有所差异，本书研究结论在一定程度上丰富了控制权配置方面的研究和企业家精神发挥方面的理论研究。

第二节　研究内容与目标

一、研究内容

本书基于资源基础理论、控制权配置理论分析创始人关键性资源对民营上市公司控制权配置的影响，进一步探讨创始人关键性资源对基于创始人保护的控制权配置的作用机制。本书的研究内容具体如下：

1. 民营上市公司控制权相关理论和文献综述

以国内外民营上市公司控制权配置相关研究系统分析为基础，综合运用资源基础理论、控制权配置理论、信号传递理论以及生命周期理论，归纳梳理当前研究存在的局限与不足，并结合我国资本市场和民营上市公司实际，以问题和目标为导向，深化本土化研究与思考，进一步提出本书的研究起点。

2. 探索性案例分析

本书采用多案例对比研究方法，在理论回顾的基础上探讨基于创始人不同角色（所有者、经营者和管理者）的控制权来源（财务性资源、知识性资源、关系性资源）对民营上市公司控制权配置的影响和作用。为了区分创始人不同角色对控制权配置的影响，尤其是当创始人偏向作为企业所有者、管理者和经营者的不同情景，本书选取了万科、当当和雷士照明三家公司作为比较研究的对象，其中，万科创始人王石作为公司董事长，仅仅少量持有公司股份，所以王石偏重于管理者的角色定位，在面临控制权争夺时其主要通过管理者角色对控制权配置实施影响，知识性资源和关系性资源为控制权的主要来源；当当创始人李国庆在其由公司第一大股东转变为第二大股东、由公司董事长到辞任公司全部管理职务的过程中，主要伴随着财务性资源的变化，因此李国庆偏重于所有者的角色定位，在面临控制权争夺时其主要通过所有者角色对控制权配置实施影响，财务性资源为控制权的主要来源；而雷士照明创始人吴长江在其"两进三出"的不同阶段，基于不同角色的控制权来源，财务性资源、知识性资源和关系性资源则在动态地影响公司控制权配置。进一步通过万科、当当和雷士照明的多案例对比分析，深入解析基于创始人多重角色（所有者、经营者和管理者）的作用路径，分析创始人关键性资源特征如何影响民营上市公司的控制权配置。

3. 创始人关键性资源对民营上市公司控制权配置的影响分析

现有关于控制权获取和维持问题的研究大多基于股权资本控制链或股权与社会资本双重控制链范式，忽视控制权争夺主战场中对稀缺性、关键性资源的互动和控制的研究。由于民营企业创始人既是企业所有者又是经营者和管理者，不同身份所代表的控制权来源又存在一定差异（刘磊、万迪昉，2004），根据斯科特和戴维斯（2011）的观点，基于所有者角色，其控制权主要来源于财务资本，而作为经营者和管理者，其权力更多来源于创始人本身的人力资本以及长期累积的社会资本。王春艳等（2016）在前人研究的基础上将创始人控制权的来源进一步归纳为财务性资源、知识性资源、关系性资源，其中财务性资源以产权制度安排为基本逻辑，创始人持股比例的多寡是其财产性资源的最主要体现；知识性资源的逻辑基础为创始人专门性的人力资本投资（Blair，1995），基于对知识、信息的占有所形成的通用性知识和专业性知识两类；而关系性资源的逻辑基础为创始人对社会资本的控制及各关系方权力分享以及相互依赖的程度。在企业演进的不同阶段，伴随资本投资的引入，创始人的财务性资源（持股比例）不断减少，创始人会将知识性资源和关系性资源所带来的权力作为财务性资源所带来权力的补充和替代（或者三种资源交织使用）实现对企业的控制。

本书将以上三种资源统称为创始人关键性资源（见图1-1），即创始人在创建及经营企业过程中通过个人努力和成长而形成的对企业发展至关重要的资源。创始人关键性资源的三个方面相辅相成、相互作用以保证创始人对企业真正的控制，即创始人掌握关键性资源有助于其对企业控制权的获取和维持。那么创始人关键性资源的三个方面是如何影响创始人控制权对企业绩效的作用的？本书认为，首先，从财务性资源的角度看，基于对企业财务性资源的占有，创始人往往会将自己视为企业的主人，并将企业成长视为其自我价值实现的目标，因此在企业战略决策时更加倾向于为企业的长久、持续发展考虑，本能地规避不利于企业长远发展的短视行为（Anderson and Reeb，2003），创始人与企业的利益协同效应导致企业价值创造能力增加，有利于提升企业绩效，促进企业成长（阮素梅等，2014）。其次，从知识性资源角度，根据传统观点，学历在一定程度上能够反映企业家的个人能力，创始人大多接受过较高的学历教育，并在创业过程中积累了丰富的企业管理、决策经营方面的经验，因此想象力更丰富、洞察力更敏锐，更有利于作出促进企业成长的决策（Sapienza and Grimm，1997）。最后，从关系性资源角度看，基于资源依赖理论，创始人拥有的内外部关系网络资源可以为企业提供更多的资源和要素（Neson，2003），降低企业经营的不确定性，从而提升企业绩效，促进企业成长。

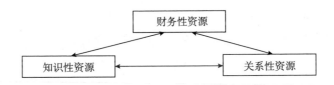

图1-1 创始人关键性资源构成要素

4. 基于创始人保护的控制权配置对民营企业绩效的影响分析

与国有企业不同，民营企业是创始人（或创始团队）心血和智慧的结晶，作为民营企业的重要身份标签（Neson，2003），创始人在企业萌芽期、初创期、成长期到初步成熟期直至企业上市过程中都扮演着关键角色并发挥着重要作用。一方面，在推动企业成长过程中，创始人往往同时兼具所有者、控制者和经营者的多重角色（余菁，2009），拥有企业集中和长期的股权并全过程参与企业的创建和发展，处于企业决策中心的位置，是企业"决策型"代理人（Fama and Jensen，1983）。根据信号理论，管理者拥有企业较高的持股比例有利于降低IPO抑价（Fama and Jensen，1983）、减轻委托代理问题（Fama and Jensen，1983；Neson，2003），因而创始人掌握经营控制权有助于降低委托代理成本。另一方面，相对于投资者以及职业经理人，创始人对所创办企业有着较强的心理所有权（王春艳等，2016），创始人将企业视为自身能力和价值的体现，为了企业能更好地发展，往往会倾注更多的情感和精力，并且乐于将自身维护起来的关系和资源投入企业，同时由于创始人的个人声誉与新上市公司的成功与否高度相关（Fischer and Pollock，2004），因此其更可能愿意付出更多的努力以维护声誉。因此，与非创始人相比，创始人掌握企业经营控制权更有利于提升企业价值（Anderson and Reeb，2003）。

同时，由于民营企业有其自身发展的内在规律（刘斌、刘毅，2011），伴随规模扩张所引起的资本需求，必然会引起创始人股权的不断稀释，此时，"野蛮人"（投资方）作为公司治理领域最活跃的资本所有者（Connelly，2010），当与创始人基于利益分歧（相比于创始人，投资者更关注企业的短期财务目标（Clercq and Fried，2007））产生控制权冲突时，往往会依据"资本多数决"原则驱逐创始人及其团队。然而，物质资源并不是控制权的唯一来源，接近和使用资产、创意和人等关键资源的能力同属于控制权来源的重要范畴（Rajan，1998）。同时拥有物质资源（财务性资源）、非物质资源（知识性资源、关系性资源）的创始人一旦被迫离开，企业所依赖的资源基础将会打破，进而造成企业价值的下降。无论是国外知名企业苹果，还是国内拉手网、汽车之家等民营企业，在其创始人被资本驱逐后，企业业绩与发展都受到了不同程度的影响乃至重创。通过对2002~2011年229家上市公司创始人控制权发生变更企业的研究，常丽和陈诗亚（2015）发现，有198家企业的价值发生了明显的变动，占比高达86.46%。可见，民营上市公司上市初期，创始人掌握上市公司控制权，不仅是个人意愿，更是企业获得长久、持续发展，保持基业长青的重要保障。

从当前研究来看，有关创始人控制权保护的研究仍存在一定争论，如瞿旭等（2012）指出创始人保护现象是公司治理效率低下的体现，创始人保护会加剧"替罪羊效应"（CEO留任，CFO离任）而弱化"连坐效应"（CEO和CFO同时离任）；而Palia和Ravid（2008）、贺小刚和张远飞（2012）则认为创始人的堑壕行为是一种"善意"的自我保护，"替罪羊"的离任模式不仅不会降低企业经营绩效，其留任行为反而有利于企业绩效的改进。本书以民营上市公司为研究切入点，考察基于创始人保护的控制权配置对公司成长的影响，以及这种影响如何因"创始人关键性资源"的不同而发生改变。

5. 控制权配置对创始人关键性资源与企业绩效的中介效应——董事会层面控制视角

从理论上说，董事是由上市公司股东决定的。但实际上在许多民营上市公司中，由于创始人既是企业所有者又是经营者和管理者，甚至可以在一定程度上影响董事会成员的选择，导致企业董事会成员不能完全由股东选择，在一定程度上还受到创始人（企业家）的影响（Mace，1971；Lorsch and MacIver，1989）。

创始人对董事会的控制从本质上说就是获得董事会多数成员的支持，保证创始人意志在董事会会议上得以通过。在传统公司治理理论中，企业股东按照持有的股权比例，向企业董事会派遣董事，保证自己在董事会中的相应权益。当董事会的多数成员均来自同一股东时，那么该股东自然就获得了董事会的控制权。在民营上市公司创始人股权（财务性资源）不断被稀释、创始人及创始团队成员拥有的股份无法达到控股比例时，创始人显然无法获得超半数的董事会成员席位。此时，创始人会通过其非财务性资源（知识性资源、关系性资源）的作用影响其他董事的投票意向，从而间接取得董事会的控制权。例如，在董事会决策中，创始人可以通过构建和使用其与董事之间的强连带关系，强化对董事的影响，进而获得或维持对董事会的控制（高闯、关鑫，2008）。

基于创始人财务性资源和非财务性资源的作用，随着创始团队及内部成员进入上市公司董事会，董事会治理机制也由正式的契约治理转向非正式关系治理，这将有助于减少其内部治理中的机会主义行为，从而降低委托代理成本，提高董事会运作效率，助力企业发展。综上所述，本书认为创始人关键性资源可以强化创始人对董事会层面的控制权配置，进而影响民营企业绩效。

6. 创始人关键性资源对民营上市公司控制权配置及企业绩效影响的实证研究

一方面，选取三家发生过创始人控制权争夺的民营上市公司，解构企业发展过程中的治理实践，根据创始人权力基础随着企业发展而动态变化的情况，归纳总结创始人关键性资源特征在案例企业的公司治理以及控制权争夺中发挥的作用，进一步提炼创始人控制权获取和维持的路径及资源特征；另一方面，以2010~2018年首次发行A股的民营上市公司为研究样本，利用Wind数据库、CSMAR数据库以及上市公司招股说明书获取创始人资料和上市公司财务数据，实证检验创始人关键性资源特征对民营上市公司控制权配置的影响以及基于创始人保护的控制权配置对公司成长的作用。

7. 归纳总结研究结论

依据相关分析结果，提出民营上市公司控制权配置的政策建议以及未来的研究展望。

二、研究目标

鉴于现阶段我国以非正式机制为主要特征的转型时期特殊背景，以及我国民营企业受到以"关系"为主要特征的社会习俗的影响，本书将我国民营上市公司作为研究对象和载体，深入剖析影响民营上市公司控制权配置的主要因素及来源，研究基于创始人保护的控制权配置对企业绩效的影响，以及这种影响如何因创始人关键性资源特征的不同而发生变化。本书研究目标具体如下：

第一，在文献综述、相关理论分析的基础上，刻画创始人关键性资源影响民营企业绩效的微观作用机制。从理论上厘清创始人关键性资源、民营上市公司控制权配置对企业绩效的影响机理，为后续的理论逻辑分析、研究假设提出以及实证案例检验奠定基础。

第二，研究在我国民营上市公司中普遍存在的三种创始人关键性资源（财务性资源、知识性资源和关系性资源），参照游家兴和邹雨菲（2014）、王春艳等（2016）的做法，构建创始人关键性资源指标体系，厘清创始人关键性资源三个维度对上市公司控制权配置的作用机制，并进一步探究不同背景（"同股同权"与"同股不同权"）、不同区域制度环境下创始人关键性资源对民营上市公司控制权配置的作用。

第三，厘清民营企业上市后的不同发展阶段（上市前两年、上市后三和后五年）控制权配置对企业绩效的影响，揭示民营上市公司基于创始人保护的控制权配置对企业绩效的作用机制，探析民营上市公司基于创始人保护的控制权配置是否能够作为中介途径在创始人关键性资源与企业绩效之间起到桥梁作用，为揭开创始人关键性资源如何影响民营企业绩效的"黑箱"提供新的理论分析视角。

第三节　研究方法与技术路线

一、研究方法

本书所采用的研究方法主要包括以下几种：

1. 文献研究

应用电子文献数据库资源对相关研究文献进行检索，主要包括 EBSCO、Web of Science、ProQuest、Springer 等外文文献数据库和维普、万方、知网等中文文献数据库。其中重点检索创始人关键性资源、控制权配置、企业绩效等领域的相关研究，在对相关经典文献进行研读的基础上，梳理各个研究领域的历史沿革、研究视角、最新研究结果以及当前研究局限，这些文献的梳理为剖析创始人关键性资源对民营上市公司控制权配置、基于创始人保护的控制权配置对企业绩效的内在影响机理奠定了基础，也为本书的模型构建和研究假设提供了文献支撑。基于对现有文献的梳理述评，结合当前"成功悖论"的现实背景及控制权配置的理论基础，对创始人关键性资源、控制权配置与民营企业绩效之间的关系进行理论推演，构建三者影响关系的理论分析模型，并提出与之相对应的研究假设，为后续的实证研究提供理论依据。

2. 案例研究

选取具有典型代表性、公开资料丰富的万科、当当和雷士照明作为探索性案例研究企业，通过多渠道收集案例企业创始人关键性资源、控制权配置、企业绩效等相关的资料和报道。这些资料包括上市公司年度财务报告、官方网站、证券交易所公告以及公开出版的相关研究论著等。通过三家公司的多案例对比分析，得到创始人关键性资源对民营上市公司控制权配置与企业绩效影响作用机理的初步研究结论，为后文构建理论模型和提出研究假设提供指引。

3. 数量分析

由于相关研究变量具有无法直接进行测量等特性，本书选取 Stata15.0 作为分析工具，综合运用 Logit 回归分析、MLogit 回归分析和面板回归方法，对相关变量之间的关系进行分析研究。本书涉及的数量分析方法主要有如下两个：

第一，描述性统计。根据样本基本信息资料，对样本主要特征、主要研究变量进行描述性统计分析，通过样本行业、地域、年度特征分析以及变量均值、标准差、中位数分析，初步揭示创始人关键性资源、控制权配置以及民营企业绩效现状。

第二，回归分析。运用分组检验、Logit 模型、MLogit 模型和面板模型等进行实证检验。首先，运用 Logit 模型对创始人关键性资源与民营上市公司控制权配置的关系构建回归分析模型，并分组检验不同市场环境下创始人关键性资源对民营上市公司控制权配置的影响，构建交互效应模型并分析制度环境的调节作用。其次，构建基于创始人保护的控制权配置与企业绩效、控制权配置在创始人关键性资源与公司绩效关系间的中介效应模型。最后，利用相关数据结合理论分析进行实证研究。

二、技术路线

本书围绕"创始人关键性资源、控制权配置与民营企业绩效"这一基本命题，聚焦我国民营上市公司创始人关键性资源、控制权争夺问题，对民营上市公司控制权配置的影响因素和后果展开分析，揭示创始人关键性资源在影响民营上市公司控制权配置中的重要作用。本书的技术路线包括：首先，在文献梳理的基础上初步明确创始人关键性资源、控制权配置和企业绩效三个变量的研究现状。其次，通过对万科、当当和雷士照明进行探索性案例分析，探析控制权演进过程中不同类型创始人关键性资源的作用，对创始人关键性资源、控制权配置和企业绩效三个变量之间的关系进行理论推演，提出理论分析模型和研究假设。最后，根据研究假设，以民营上市公司为研究样本进行普适性检验，得出研究结论。本书的具体研究路线如图 1-2 所示。

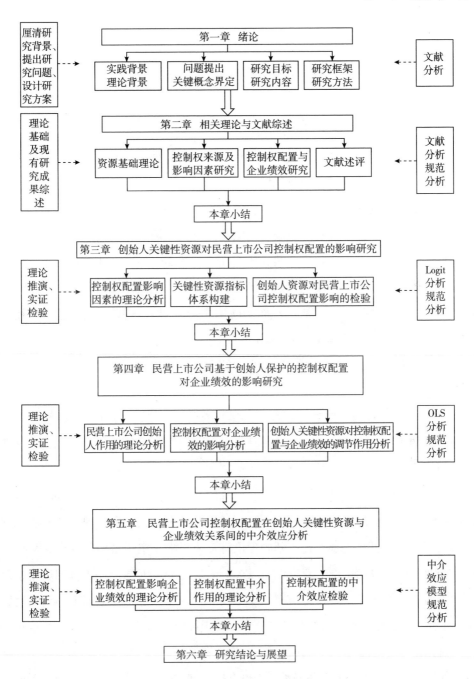

图1-2　本书研究路线

第四节　研究创新点

第一，本书以上市作为民营企业里程碑成功的关键考察时点，探讨创始人关键性资源对民营上市公司控制权配置、企业绩效的影响，选题有较强针对性。关于创始人对企业的作用，现有研究从管家理论、代理理论以及企业生命周期理论进行了相关探讨，但并没有形成统一的结论。究其原因，很大程度源于研究对象的差异，以往研究多以成熟大公司为研究样本，然而，民营企业无论从企业内部管理机制还是外部竞争环境都有别于大型成熟企业，成熟样本的研究结论未必适用于民营企业。另外，即使是同一企业的不同发展阶段，创始人对企业的作用及影响机制也不尽相同，本书以事件驱动的里程碑（上市）为研究起点，实证检验了民营企业上市后至少短期内应该为创始人提供控制权保护，是对该领域研究的有益补充。

第二，构建创始人关键性资源的多维指标测量体系，为科学解析创始人关键性资源对控制权配置的影响提供依据，拓展了控制权来源方面的研究。早期研究组织间资源异质性问题的资源依赖理论（Resource Dependence Theory，RDT）主要关注组织间的异质性资源，而资源基础理论（Resource-Based Theory，RBT）将研究视角转移到组织内部，但二者都没有充分认识和重视资源与资源拥有者之间的密不可分关系，资源基础理论将资源局限于组织层面的界定，从而忽略了企业资源的最初来源、获取渠道以及形成过程。本书基于资源基础理论，对企业资源的分析溯源至资源拥有者（即创始人），进一步根据创始人不同角色特征将创始人关键性资源细分为财务性资源、知识性资源和关系性资源三个维度进行深入研究，为研究民营上市公司创始人关键性资源在控制权配置与公司成长中如何发挥作用以及发挥怎样的作用提供了理论支撑，同时拓展了资源基础理论的探索。

第三，深入民营上市公司创始人的关键性资源特征，挖掘并比较异质性创始人参与企业管理的作用机理及效果的差异，丰富了公司治理理论和实践。本书将控制权配置研究中对控制权的来源"物质资本""人力资本"的分析进一步深入到人力资本背后的"资源"的分析。面临资源约束的民营企业在市场竞争中谋求发展的过程同时也是企业关键性、异质性资源动态变化和互动的过程，创始人关键性资源不仅为民营企业的生存发展和竞争优势提供了资源基础，民营公司上市后的控制权配置也与创始人关键性资源密切相关。然而，以往控制权配置的研究大多停留在"股权资本"或"产权性质"的分析上，虽然已有研究开始探索"股权资本"和"社会资本"的双重作用机制，但多以"同质化"为假设，忽略创始人作为企业特殊人力资本的异质性特征，创始人作为经营者、管理者和所有者多重角色的资源特征没有得到应有的重视与关注。本书对于"创始人关键性资源"的研究是对控制权理论关于"物质资本""人力资本"的深化，通过创始人关键性资源特征对民营上市公司控制权配置的影响分析，以及相关影响如何间接作用于公司绩效和价值创造研究，丰富了公司治理理论的研究成果。

第二章 相关理论与文献综述

第一节 相关概念界定

一、民营企业创始人

作为经济体系的重要组成部分，民营经济在世界范围内都是一个国家经济发展的重要推动力量。我国民营经济经过多年的发展，已经在一定程度上克服了金融支持不足、基础薄弱等劣势，成为国民经济中最活跃的经济增长点。民营企业伴随经济体制改革历程从初期萌芽到中期转变，其发展方向更加理性和科学。然而，虽然民营企业具有经营比较灵活、社会负担较轻、市场化程度较高等优势，但随着企业股份的不断社会化和分散化，民营企业在不断发展壮大过程中不可避免地会遇到一些新的问题。

作为民营企业的重要身份标签，创始人与民营企业紧密相连，已成为民营企业发展过程中不可或缺的一部分。作为企业最主要创立者，创始人往往在企业中长期担任重要职位，如董事长、总经理等，但作为社会化的界定，创始人与董事长、总经理等职位又存在显著差异，很难从法律层面进行界定。因此，与已有文献保持一致（夏立军，2012；石晓飞、马连福，2014；徐炜、王超，2016），本书将民营企业创始人界定为企业最主要的创立者，对于团队创业型企业，将 IPO 前持股最多或者企业成立时担任董事长或总经理的创立者界定为创始人。

对于大多数中国民营企业而言，创始人在企业萌芽期、初创期、成长期到初步成熟期直至企业上市都扮演着关键角色并发挥着重要作用。在企业上市之前，创始人所关注的焦点是如何发展企业，而在企业取得上市这一关键性胜利后，创始人面临的问题不单单是如何经营好企业，还要处理好与股东、投资者等利益相关者之间的关系，保证他们在企业的投资收益。与传统企业相比，民营上市公司创始人既是企业所有者，又同时经营和管理企业，多重角色并存，物质资本与人力资本的矛盾更加凸显。此外，伴随着民营企业的高成长性，创始人为支撑企业成长往往会多次引入机构投资者，或者通过股权、期权的方式引进高管人才，在创始人持股比例经过多次稀释不断下降后，很可能失去对公司的绝对控制，导致创始人与投资方或联合创始人的控制权争夺问题时有发生。

二、创始人关键性资源的内涵

学者们对关键性资源的探讨主要源于企业控制权来源方面的研究。资源基础理论指出，异质性资源是企业竞争力差异的根本原因（Wernerfelt，1984），企业成长的关键要素在于能否获得相关资源的支持（Rumelt，1984）。在民营企业成长过程中，从初创、成长到成功上市，异质性资源是企业增长和可持续发展的重要组成部分（Dollinger et al.，1995），民营企业创始人通过与企业内外部交流获取资源所形成的创始人资源集合是企业价值创造的源泉。由于创始人既是企业所有者又兼具经营者与管理者角色，而不同角色所代表的控制权来源又存在一定差异（刘磊、万迪昉，2004），根据斯科特和戴维斯（2010）的观点，基于所有者角色，其控制权主要来源于财务资本，而作为经营者和管理者，其权力更多来源于创始人本身的人力资本以及长期累积的社会资本。

早期以 GHM 为代表的分析框架强调资本强权观的作用，认为物质资本是控制权的主要来源（Grossman and Hart，1986；Hart and Moore，1990）；随着控制权理论的发展（Aghion，1997；Aghion and Bolotn，1992），越来越多的学者逐渐打破传统"资本强权观"的认知，指出物质资本并非企业唯一的关键资源，包括企业家人力资本在内的知识、信息、关键技术也是控制权来源的重要构成（周其仁，1996；Rajan，1998）。至此，对控制权来源的认识由物质资本过渡到人力资本。随后，我国学者开创性地将社会资本的概念引入控制权的研究，提出与"股权控制链"相对应的新范式——"社会资本控制链"（高闯、关鑫，2008）。赵晶和郭海（2014）在此基础上进一步通过案例研究验证了上市公司股东在实现控制公司过程中，对"社会资本控制链"和"股权控制链"的交叉使用，进而补充和丰富了控制权来源的相关研究。王春艳等（2016）在前人研究的基础上将创始人控制权的来源进一步归纳为财产性、知识性和关系性三类资源，其中财产性资源以产权制度安排为基本逻辑，创始人持股比例的高低是其财产性资源的最主要体现；知识性资源的逻辑基础为创始人专门性的人力资本投资（Blair，1995），基于对知识、信息的占有可分为通用性知识和专业性知识两类；而关系性资源的逻辑基础为创始人对社会资本的控制和各关系方权力分享以及相互依赖的程度。在企业演进的不同阶段，伴随资本投资的引入，创始人的财产性资源（持股比例）不断减少，创始人会将知识性资源和关系性资源所带来的权力作为财产性资源所带来权力的补充和替代（或者三种资源交织使用）实现对企业的控制（王春艳等，2016）。

通过分析已有研究可以发现，学者们分别从物质资本、社会资本以及人力资本等多个方面验证控制权的不同来源和作用，对控制权来源的关注也由对关键性资源的所有拓展到对关键性资源的使用。基于上述研究成果，本书将财产性资源、知识性资源和关系性资源统称为创始人关键性资源（王艳波等，2019），即创始人在创建及经营企业过程中通过个人努力和成长而形成的对企业发展至关重要的资源。创始人关键性资源的三个方面相辅相成、相互作用以保证创始人对企业真正的控制，即创始人掌握关键性资源有助于其对企业控制权的获取和维持。

三、控制权与控制权配置的内涵

1. 控制权

关于控制权的概念当前学术界并没有统一的界定，其内涵丰富并不断发展。伯利和米恩斯（Berle and Means，1932）在其著作《现代公司与私有资产》中最早对控制权的概念进行了界定，指出所有权和控制权的分离是企业的典型特征，现代企业控制权是指从企业财产权中独立出来，在权力行使或施加压力下有权选出董事会成员或其多数成员。然而，由于 Berle 和 Means（1932）并没有对控制权影响董事会成员选择的原因和途径进行解释，所以该概念界定更多体现为对企业现象的描述。随后，在企业理论和企业形式不断发展和演变过程中，学者们分别从两权分离的原因、分离后的控制权到底应该归谁所有以及如何分类等方面展开了大量研究，极大地丰富了控制权的内涵和我们对控制权概念的理解。如Jensen 和 Meckling（1976）指出，根据合同理论，控制权是指由经营人转移所有权人的控制权和代理人赋予的决策权；Fama 和 Jensen（1983）则认为，在股权高度分散的公司，股东通常通过授权的方式将经营决策权授予代理人而享有剩余索取权；基于契约的不完备性，Grossman 和 Hart（1986）认为，剩余控制权是公司决策权的一个核心部分；Tirole（2001）认为，伴随公司的成立，在某些情况下，由于公司的代表拥有知识和信息，这影响到企业的行为，因而需要掌握相应的管理和决策。综上所述，上述学者认为控制权的性质并不完全取决于所有人的权力，由于控制权的剩余部分行使缺乏合同规定，如果股东的股份过度分散，股东拥有合法的剩余权可能会逐渐转移到专业管理人员手中（朱国泓、杜兴强，2010）。

随后，越来越多的学者发现，上市公司股权并非分散而是存在控制性股东，企业所有权集中现象日益增多（Demsetz，1983；Shleifer and Vishny，1986；Morck，1988），因此，学者们对控制权的内涵进行了进一步的深入研究。如Blumberg（1983）指出，拥有公司控制权意味着有能力影响公司董事会成员选聘及各类管理事务。Loss（1988）同样认为控制权更多体现在对企业决策和经营业务的影响力。Rajan（1998）将控制权细分为名义控制权和实际控制权两个方面，进一步提出"关键性资源"的概念。Aghion 和 Tirole（1997）在韦伯法定权威和合理性权威的基础上，将所有权力和行使权力进行了区分。La Porta 等（2000）、Claessens 等（2000）在其研究中，进一步指出上市公司存在控制性股东，且会影响公司控制权的分配。

国内学者对控制权的概念也进行了相应界定。例如，张维迎（1995）与

Aghion 和 Tirole（1997）的观点类似，在其著作《企业的企业家：契约理论》中指出，企业控制权包括资源配置权和决策权，更多时候体现为"信号显示"；周其仁（1997）则在其研究中指出，控制权是一种排他性权利，具有排他性的典型特征；作为企业家的重要激励约束因素及一种动态的企业家控制权决策机制，我国国有企业企业家控制权主要表现为"内部控制"与"行政配置"并存。刘磊和万迪昉（2004）将控制权区分为核心控制权与一般控制权，指出一般控制权往往由人力资源所有者拥有，而核心控制权通常与股权联系在一起，往往由资产所有者拥有，但是控制权与股权分离的情况也时有发生。胡晓阳（2006）认为控制权是对企业总体资源的控制，主要体现在对企业状态发生变化的支配和决定；胡继立和年志远（2011）认为控制权是在企业契约内对企业生产、投资和市场运营以及组织租金分配中的主导权利。有关控制权的概念界定如表 2-1 所示。

表 2-1 国内外学者对控制权的界定

学者	控制权概念界定
Berle 和 Means（1932）	挑选董事会成员（或大部分董事）的权利
Simon（1950）	一方具有改变另一方行动的权利
Demsetz（1967）	一组排他性使用和处置企业稀缺资源（包括财务资源和人力资源）的权利束
Grossman 和 Hart（1986）、Hart 和 Moore（1990）	剩余控制权，指"决定资产最终契约所限定的特殊用途以外如何被使用的权利"
Jensen（1988）、Hart（1990）	剩余控制权，指"决定资产最终契约所限定的特殊用途以外如何被使用的权利"
Tirole（2001）	在企业形成之后，合约一方（或由多方形成的集体）在特定情景下影响企业行动路径的权利
Uzzi（2002）	能够对企业经营重大事项做出决策的权利
Kaplan（2003）	能够对企业经营重大事项做出决策的权利
张维迎（1995）	一个信号被显示时决定选择什么行动的权威
周其仁（1997）	排他性利用企业资产，特别是利用企业资产从事投资和市场营运的决策权
杨瑞龙和周业安（1998）	企业的重要决策权
宋晓梅（2004）	投资者或利益相关者利用可供支配资源影响公司权力组织构成及其政策制定与实施并评价公司经营效果的能力

续表

学者	控制权概念界定
邢斐（2005）	企业家与投资家中的任意一方具有改变另一方行动的权利
胡晓阳（2006）	对企业总体资源的控制，认为控制权体现在对于企业状态发生变化的支配和决定
角雪岭（2007）	是一种通过对公司的不同权利主体之间相关关系和行为确定相关规则的权利
付雷鸣等（2009）	指在有信号显示时，当契约双方在某个问题上出现分歧时决定解决方案的权利
胡继立和年志远（2011）	是在企业契约内对企业生产、投资和市场运营以及组织租金分配中的主导权利

资料来源：根据相关文献整理。

　　综上所述，可以从两个方面理解控制权：一是广义层面的控制权，主要指企业在资源配置中拥有的决策权集合，即权利束，包括董事会席位、选举董事会或多数董事的权利、投票权等；二是狭义层面的控制权，主要指企业控股股东基于法定所有权所拥有的股权、投票表决权和经营管理权。然而，控制权不仅内涵丰富，而且是一个比控制"更加复杂的概念"（高愈湘等，2004），除关注具有外显特征的决策控制权外，亦不能忽略控制权的隐性影响力。近年来，随着控制权争夺事件的增多，学者们对上市公司控制权的研究逐渐由股权资本拓展到社会资本以及创始人所拥有的人力资本等方面。对于民营上市公司而言，由于受到我国特殊的制度背景和崇尚权威的传统文化影响，民营企业创始人在取得创业成功并上市后，其在企业不断成长过程中逐渐获得市场的认可，创始人控制权一部分因控制性股东法律地位所获得，另一部分则由个人魅力、创业的成功和持续的知识性资源和关系性资源所形成的个人权威而逐步积累。

　　2. 控制权配置

　　总体而言，不同学者对控制权配置内涵有着不同的理解。Manne 是最早关注企业控制权配置问题的学者之一，Manne（1965）首次提出控制权市场（Market for Corporate Control）的概念，并进一步将控制权配置机制分为内部控制权和外部控制权。随后，Jensen 和 Ruback（1983）在此基础上对控制权市场的概念进行了进一步完善，将控制权市场理解为由多个管理团队构成的收购市场，各管理团队可以通过竞争的方式获得企业资源管理权。后续研究中，Jensen 在 Manne 对控制权研究的基础上，按公司经营中的四种"控制能力"将控制权进行了划分。

国内学者章华和金雪军（2002）将控制权的配置比作"缔约行为"，指出的控制权配置并非是唯一、固定不变的，市场和技术等因素同样会影响到控制权配置，到底哪些因素会发挥重要作用，主要取决于其相对重要程度，其中，初始产权界定、主体贡献率大小、资产专用性与岗位竞争以及退出威胁等是"相对重要性"的具体表现形式。瞿宝忠（2003）以"三权统一"和"三权分离"为控制权配置的基本标准，构建了公司控制权配置的综合模型并提出 16 种公司控制权配置的基本组合模式，指出公司控制权的有效配置需考虑效率与代理、竞争以及垄断等问题的平衡。刘红娟和唐齐鸣（2004）通过对公司内部控制权配置状态、寻租主体以及治理机制的分析，指出我国目前正处于转轨经济的特殊时期，内部人控制和董事会大股东控制现象比较普遍，同时由于人力资本与企业价值驱动高度黏合，因而会要求拥有公司控制权，控制权的合理配置需要同时考虑激励和制衡两类因素。刘磊和万迪昉（2004）从权力的能力角度提出"核心控制权"与"一般控制权"的概念，指出控制权配置受权力外部性风险影响且两类控制权状态相互依存，在企业处于正常经营状态时，资产所有者拥有核心控制权，在企业处于破产状态时，由债权人拥有核心控制权。王雷等（2010）基于不完全契约视角将 Tirole（2001）的企业融资模型扩展为两阶段风险企业控制权配置模型，研究指出，在风险企业控制权配置的初始阶段，控制权受风险企业家自有财富、声誉、能力和预期非货币收益影响；在控制权配置中期信号显示阶段，控制权受风险企业家努力程度、风险投资家投资额、风险投资家非货币收益以及项目成功概率影响，控制权配置状态伴随企业绩效信号动态调整。

综上所述，本书认为上市公司控制权配置包括外部控制权和内部控制权两部分，由于本书旨在从控制权配置视角探讨创始人关键性资源对民营上市公司成长的影响，而控制通常以事前形式和事后形式提供，事前控制由董事会代表驱动，事后控制由创始人是否被新的 CEO 替换来表示（Hellmann，1996）。因此，本书所研究的控制权配置主要指内部控制，具体从创始人对 CEO 职位的控制和董事会控制两个方面把握民营上市公司控制权配置的内涵。

第二节　资源基础理论相关研究

一、资源基础理论

资源基础理论作为战略管理领域的重要理论之一，主要研究企业资源与企业竞争优势之间的关系。总体而言，在资源基础理论的演变过程中，有如下几个方面的研究对其产生重要影响：①企业独特能力（Distinctive Competencies）的研究。该研究中强调独特能力是那些能够使企业更有效实现战略目标的各种特质（Learned et al. , 1969；Hitt and Ireland, 1985, 2010），企业与企业之间产生绩效差异的主要原因在于企业的独特能力（Selznick, 1957）。②李嘉图的地租分析。李嘉图以劳动价值理论为基础，对地租的起源进行了研究，进一步将地租区分为真实地租与名义地租（Ricardo, 1966）。③Penrose（1959）的企业成长研究。该研究在对"企业是什么"的抽象定义基础上，透视企业内部分析企业的成长能力，认识到基于企业能力的不同，同行业的同质企业本质上也是异质的。④经济学的反托拉斯研究。先于资源基础理论，该方面研究逐渐拓宽了相关市场的边界，认为企业绩效受市场结构、产业结构等多种因素影响，企业绩效和市场结构是企业博弈的结果（Demsetz, 1973）。至此，资源基础理论在上述多种理论的基础之上演变而成。

事实上，早期研究中（如Penrose, 1959）已经开始关注对企业资源的分析，但研究框架主要侧重对组织外部资源的研究，并未对组织资源进行系统分析。经过众多学者（Rumelt, 1984；Barney, 1986；Peteraf, 1993；Grant, 1991, 1996；Barney et al. , 2011）的努力，1984年以来，以Wernerfelt为代表的诸多学者逐渐将研究视角由企业外部资源转至企业内部资源的分析上，越来越多的学者认识到，企业内部资源配置途径是企业成长的真正源泉，企业独特的竞争能力主要取决于内部资源的配置方式（Wernerfelt，1984；Rumelt，1984；Conner，1991）。

现有资源基础理论有效地解释了该领域内的核心问题：在同一个产业内的企业之间存在着持续的绩效差异以及单个企业如何保持持续竞争优势。资源基础理论强调以企业内部资源为基本单位，异质性资源的集合体构成企业的本质。对企业有这样的定义旨在分析企业如何通过独特的异质性资源和能力来构建并提升其竞争优势，在此基础上取得企业成长（刘力钢等，2011）。

二、基于资源观视角企业绩效及竞争优势研究

资源基础理论继承了 Penrose 的企业成长理论思想，从企业所拥有的异质性资源视角对企业保持持续竞争优势以及绩效增长的原因进行了剖析。经过 30 多年的发展逐渐步入成熟阶段，本书通过文献梳理总结基于资源观视角企业绩效及竞争优势的相关研究，并对现有文献中尚待解决的主要问题进行述评。

Wernerfelt（1984）是较早研究有关资源基础理论的学者之一，试图将资源基础理论作为竞争优势理论的完善与补充，认为企业产出水平取决于独特的资源配置，即资源的价值性、稀缺性、不可模仿性，只有在企业具备配置资源的能力时才能够真正地发挥作用。与 Wernerfelt 的观点不同，Rumelt（1984）着重强调了专用性投资的作用，认为同一产业内企业之间绩效之所以存在较大差异，主要取决于内部资源被"隔绝机制"所保护的程度。

Barney（1986）首先区分了战略性资源与一般性资源的概念，认为可持续竞争优势的战略性资源的形成需建立在稀缺、难于模仿、价值性且不可替代资源基础上。至此，企业资源基础理论的框架在 Barney 的研究基础上已初步建立。Barney 认为，只有对具有竞争优势的异质性资源进行有效的整合，这些资源才能发挥不可替代的作用。

Peteraf（1993）基于资源竞争优势的基本观点，将现有观点整合到资源与企业绩效的简约模型中，研究发现资源的行业内异质性、竞争的事前限制、竞争的事后限制以及不完善的资源流动性四个条件是持续竞争优势的基础，只有上述条件全部满足才能使企业保持长期竞争优势。

Barney 和 Mackey（2005）进一步对其进行完善从而形成企业资源基础观的

VRIO 框架。Barney 和 Mackey 指出，虽然资源难以度量，但许多聪明的学者已经能够度量资源的异质性特征，企业的竞争优势除受到资源价值等因素影响外，同时还受到企业本身所拥有的资本优势的影响，VRIO 的资源分析框架由此形成。

随后，学者的研究视角逐渐从"静态"转为"动态"，试图打开资源基础理论"静态"观点所导致的因果关系黑箱（Priem and Butler，2001），Newbert（2007）基于资源基础观（RBV）的实证数据样本，研究发现 RBV 总体上只有得到适度的支持，企业才能保持持续竞争优势，且受到企业资源配置能力和利用能力的动态影响。

综上所述，现有文献基于资源基础理论对企业绩效及其竞争优势从多视角进行了探索，丰富和拓展了战略管理以及企业成长理论等领域的研究，但总体而言仍存在一定不足，一方面，基于传统委托代理理论的研究过分强调"既有资源"对公司治理及企业绩效的影响，忽略了资源所有者（创始人）的作用和影响力（Lockett et al.，2009；Wernerfelt，2011）；另一方面，如果将企业资源视为一个有机整体，各资源要素之间的互补程度、配置合理性等组合特征对于企业绩效具有更强的说明力和解释力（Maritan and Peteraf，2011；Sirmon et al.，2011），而目前基于单一资源类别对企业绩效的研究较多，鲜有从资源组合整体视角进行各资源要素之间的互补程度、配置合理性等组合特征的研究（Mcguinness and Morgan，2000；Bromiley，2003；Leiblein，2003），因此，从资源所有者、资源组合特征视角研究其对控制权配置与企业绩效的影响具有一定的探索空间和研究价值。

第三节 控制权理论的相关研究

一、控制权配置的相关研究

现有研究中，国内外学者大多基于主体异质性视角，以投资公司特征（有无风险投资公司）为依据，将研究脚本划分为一般企业与风险投资企业，进而对控制权配置模式从两个方面展开研究：第一，不同参与主体之间的控制权配置；第二，公司不同权力机关（股东、董事会、经理层）的控制权配置（鲁银梭，2013），如表 2-2 所示。

表 2-2　控制权模式的研究

研究视角		学者
不同参与主体之间的控制权配置	"0~1" 离散变量	Chan 等（1990）、Aghion 和 Bolton（1992）、Berglof（1994）、Aghion 和 Tirole（1997）、Hellmann（1998）、劳剑东和李湛（2004）等
	连续变量	Kirilenko（2001）、Vauhkonen（2003）、Kaplan 和 Stromberg（2003）、Bettignies（2008）、党兴华（2008）、侯剑平（2012）等
公司不同权力机关的控制权配置		钱颖一（1989）、Aghion 和 Bolton（1992）、Blair（1995）、瞿宝忠（2003）、刘红娟和唐齐鸣（2004）、王季（2007，2009）、梁洪学（2014）、吴慧香和孙莉（2019）

资料来源：笔者整理。

1. 不同参与主体之间的控制权配置

多数学者将该类控制权配置模式解释为企业家与风险投资之间的权力博弈。目前，关于不同参与主体之间的控制权配置问题，学界主要存在两种观点：首先，许多学者认为控制权是不可分割的 "0~1" 离散变量，控制权配置具有单边控制特征，以 Chan 等（1990）、Aghion 和 Bolton（1992）、Berglof（1994）、Hellmann（1996）、Aghion 和 Tirole（1997）、劳剑东和李湛（2004）等为代表；其次，也有学者认为控制权具有联合控制的特征，是可以由企业家和投资者共同拥有的连续变量，以 Kirilenko（2001）、Vauhkonen（2003）、Kaplan 和 Stromberg（2003）、Bettignies（2008）、党兴华（2008）、侯剑平（2012）等为代表。

首先，早期关于虚拟金融中控制权分配的理论文献将控制权设定为一种不可分割的权利（0~1 离散变量），认为在任何时候只有一方可以拥有控制权，控制权配置取决于随机变量的实现、参与者的行为和每个模型的参数。如 Chan 等（1990）认为控制权是一种单方面的生产决策能力，控制权配置取决于终端现金效应与控制方所必须付出努力的无效性之间的差值；Philippe 和 Tirole

（1992）在 GHM 模型基础上引入财富约束假设，指出投资者追求货币收益最大化，企业家追求私人收益最大化，由于契约的不完全性和财富限制，并不是所有潜在的企业家和投资者利益限制都可以通过事前契约解决，因此控制权配置尤为重要。最优的控制权配置取决于企业家私人收益与企业总收益之间的关系，当两者之间呈单调递增关系时，企业家或者投资者的单边控制能够达到最优的配置效率，当两者存在矛盾或冲突时，相机控制是最优的控制权配置模式；Berglof（1994）认为控制权是一种与风险企业外部买家进行交易的能力，控制权配置取决于项目融资需求、管理公司的私人收益和清算时没收的不可验证资产；Hellmann（1996）将控制权定义为用职业经理人替换企业家的能力，指出由于企业家无法从自我替代的能力中获得额外收益，因此控制权的分配是一个二元函数，相对于职业经理人，企业家能力与其私人收益之间呈正相关关系；劳剑东和李湛（2004）在 Tirole（2001）等研究的基础上，基于创业企业构建了三种控制权配置模型，研究发现，创业企业控制权配置取决于创业企业家人力资本、创业投资风险以及企业绩效增长潜力，是创业企业家与投资者双方博弈的结果。

其次，与早期研究不同，Kirilenko（2001）将控制权视为一个连续而非二元"0~1"变量，通过构建风险投资家和企业家的两阶段不完全信息动态博弈模型，验证了最优的控制权分配可以通过竞争性市场的控制或双边谈判程序来实现。Bettignies（2008）基于不完全契约分析框架，指出企业家可以根据三种可能的权利分配进行契约设计：企业家控制权、投资者控制权和共同控制权。由于每一次分配都会导致企业家和投资者的努力程度不同，因此，实践中常用的金融工具能否成为最优合同主要取决于两个因素：投资的互补性和投资者的资本成本。

Vauhkonen（2003）指出公司控制权是相机配置且为连续变量，Vauhkonen将企业绩效划分为好、中、差三种自然状态，在绩效信号质量较好和较差时分别由企业家和投资者获得公司控制权，在绩效信号质量一般时公司控制权由企业家和投资者联合控制。Gebhardt（2006）指出当一个年轻的创业型公司逐渐走向成熟时，需要由职业经理人逐渐取代创业者，但这种替代决策可能会导致企业家与风险资本之间的利益冲突，可转换证券与控制权相结合可以有效地解决这一冲突，其研究为后续学者从金融契约角度研究控制权配置问题奠定了基础。Kaplan

和 Stromberg（2004）通过构建企业家和风险投资家所面临的风险和不确定性的直接度量方法，根据风险与代理问题之间的关系将其划分为外部风险（如竞争强度、市场规模）、内部风险（如企业家能力、企业经营业绩）和执行风险（如企业家人力资本），进一步考查了控制权配置与不同风险类型之间的关系，研究发现，代理问题对合同设计和监控具有重要意义，更大的股权投资激励与增值支持的增加有关。党兴华等（2008）以由风险投资持股的上市公司为研究样本，对风险企业控制权配置与企业绩效之间的关系进行了实证分析，研究发现，风险投资的特殊控制权以及对董事会控制是企业绩效的重要影响因素。侯剑平等（2012）以我国上市公司为研究样本，进一步从内生性角度出发构建联立方程模型，研究发现，控制权结构对公司绩效的负向影响可能是由两者之间的内生性引起的，分散的控制权配置方式是我国国有企业改革的重要发展思路。

2. 公司不同权力机关（股东、董事会、经理层）的控制权配置

关于控制权在公司不同权力机关的配置研究，学者们主要是基于控制权的多层次理论，认为股东大会、董事会和经理层是控制权的真正分享主体，因此公司控制权配置也应集中在股东大会、董事会和经理层几个利益相关者之间（朱海英，2014）。

钱颖一（1989）将企业控制权区分为特定控制权和剩余控制权，指出特定控制权（经营控制权）应该由管理层拥有，通常通过契约授权形式获得，而代表所有者的董事会一般拥有剩余控制权，包括重大项目投资、经理人员的任免等战略决策权。Aghion 和 Bolton（1992）最早用"控制权相机转移"的概念解释了企业控制权在不同利益相关主体之间的转移问题，进一步指出：企业经营状态正常时，股东作为企业最主要所有者，由其掌握企业控制权；当企业出现危机时，就可能由债权人掌握企业的控制权。Blair（1995）指出，创造财富的活动是由"企业实物资本"和"特定的人力资本"共同使用而产生的，股东原则上可以拥有实物资本，但没有人力资本，实物资本的价值就会降低，公司治理改革的重点应放在如何使企业管理层从股东的压力中分离出来，控制权配置需要考虑更多的利益相关者。瞿宝忠（2003）指出控制权配置是在股东大会、董事会和经理层这三种利益相关者之间的配置，认为不同控制权配置模式的选择取决于效率、代理

以及垄断等不同视角的平衡。刘红娟和唐齐鸣（2004）通过对董事会的大股东控制、董事会的内部人控制或制衡、独立的董事会以及人力资本控制四种控制权配置状态和寻租主体的分析，指出企业合理的内部控制权配置是公司治理效率提升的前提，权力的竞争与制衡是基本保证。王季（2007，2009）基于 Stiglitz（1985）的"利益相关者理论"，发现我国现阶段公司控制权主要由股东大会、董事会和经理层三种利益相关者真正分享，进一步通过对股东大会、董事会和经理层三种利益相关者的划分和整合，形成 18 种公司控制权配置类型，并指出当董事会既不由最大股东也不由经理层控制时，董事会内部体现出权利的制衡，外部体现出其权利的独立，此时是相对有效的治理模式；当经理层不由最大股东控制时，将会出现最佳的股东大会、董事会、经理层三权分立、制衡的公司治理结构。梁洪学（2014）通过对发达国家公司控制权配置方式的历史沿革以及德日、英美两种控制权配置模式的典型特征分析，指出伴随全球化的进程，德日、英美两种控制权配置模式正在向趋同化方向发展，我国的国有企业控制权配置改革应该借鉴西方国家的经验，在内部治理机制方面，应关注对股东、董事会、监事会的监督和制度完善，在外部控制权配置的完善方面，应注重为控制权市场创造良好的发展条件和制度环境。吴慧香和孙莉（2019）基于终极控股股东视角，综合考虑企业的第一类和第二类代理问题，从股东、董事会和管理层三个层面研究了控制权配置对企业创新的影响，实证研究结果指出，终极控股股东的控制权——现金流权分离度会抑制企业创新，而超额董事席位和终极控股股东担任 CEO 均会促进企业创新；终极控股股东直接控制公司的控制权配置方式更有利于企业创新。

综上所述，国内外学者对控制权配置进行了大量且丰富的研究，但由于控制权配置受到不同情形及因素的影响，学术界对公司控制权模式的研究并未形成一致的结论。本书认为，从本质上来说，企业家享有私人控制权而投资者往往更关心财务回报，当创始人与其他利益相关者（如投资者、经理层）产生冲突时，控制权就变得至关重要。Hellmann（1996）认为，控制以事前控制和事后控制形式提供，事前控制由董事会代表驱动，事后控制由创始人是否被新的 CEO 替换来表示，由于董事会不仅控制着企业最重要的高层决策，还决定谁将成为公司首席执行官，因此本书主要从事前控制（对董事会的控制）、事后控制（对 CEO 职位的控制）把握民营上市公司的控制权配置情况（Wasserman，2003）。

二、控制权的影响因素及来源研究

关于控制权配置的研究，最初研究侧重于控制权是否可以共享，即控制权既是一个静止变量也是一个连续变量，进而研究控制权的配置和转移问题；随后研究重点逐渐过渡到风险投资和企业家谁应该拥有控制权，是单边控制、联合控制还是相机控制，即控制权的最优配置问题（王声凑、曾勇，2010；Yerramilli，2011；Bienz and Hirsch，2012；王雷，2014）；近年来，学界逐渐转向对控制权配置的影响因素及来源问题的研究。

1. 控制权配置的影响因素

现有研究中，控制权配置影响因素的文献大多集中在企业家、风险资本、组织绩效和特征以及外部环境几个方面。

在企业家对控制权配置的影响方面。Chan 等（1990）指出，企业家能力在企业发展过程中逐渐提升并被风险投资者认可，企业家技能水平影响甚至决定了企业的控制权配置情况。周其仁（1997）认为企业家能力影响公司控制权配置。朱心来和和丕禅（2003）构建了风险投资企业控制权分配的不完全信息动态博弈模型，研究发现，当风险投资企业进行融资时，控制权配置受契约签订前信息不对称程度、契约签订后可利用信息质量、风险资本投入以及风险投资企业私人收益等因素的影响。张帏和姜彦福（2003）对风险企业中的所有权和控制权配置进行了研究，指出企业家非人力资本数量、非货币收益和创业管理团队声誉等影响创业企业的控制权配置。Kasper 和 Streit（1998）指出在不同的信任背景下，同样性质的资源投入，会形成不同的控制权配置方式。陈森发和刘瑞翔（2006）通过构建企业家和投资者的相对效用函数模型，指出创业企业中的控制权分配受到企业家和投资者的决策能力、相互信任程度等因素的影响。买忆媛和李云鹤（2007）通过构建创业企业的等效企业价值曲线与企业家才能投入约束曲线模型，分析说明了企业家才能与创业企业控制权匹配问题，发现企业控制权与企业家才能的匹配和企业控制权与剩余索取权的匹配并不重合，但可能导致企业家道德风险。Jorgensen 等（2006）以高科技企业为研究对象，对企业所需风险投资支持、长期目标增长愿景、股东消费意愿平衡等问题进行了分析，研究发现高科技企业的控制权配置以及一系列投资和财务决策均受到高管团队智力资本的影响。Colombo 等（2009）基于资源和能力视角对高科技企业的影响因素进行了分析，研究发现企业家本身所拥有的人力资本和能力影响公司控制权配置，进一步影响高科技企业绩效。王雷（2014）基于数据模拟算例方法，通过对创业企业收益构成、联合控制和相机控制两类控制方式下剩余控制权与特定控制权配置等问题的分析，指出企业家和投资家的信任程度、风险投资和人力资本专用性影响控制权配置。易阳等（2016）通过单案例分析方法，对创始人专用性资产、堑壕效应与公司控制权配置等问题进行了分析，研究发现，创始人基于声誉、利益捆绑等专用性资产所形成的堑壕效应影响公司控制权配置，有利于创始人控制权保护，但创始人堑壕效应可能会引起其自利行为，对此可以通过将个人隐性契约转化为企业契约、对核心员工进行股权激励等途径进行制衡。

在风险资本对控制权配置的影响方面。Milgrom 和 Holmstrom（1994）将企业的契约关系属性视为生产的投入产出关系，研究发现，在低约束条件下，公司激励的有效性会得到增强，同时，公司剩余控制权的分配与风险资本的谈判能力、团队协作能力以及风险认知有关。Ribeiroa（2008）基于巴西 65 家私募股权投资机构提供的数据，通过对美国、欧洲等国家经济和体制因素相关的产业规模、融资契约结构的对比分析，发现私募股权投资行业受到制度的严重限制，制度环境影响金融中介，进一步影响所投资企业的控制权配置，另外私募股权投资为其他国家特别是新兴市场的适应性提供了经验证据。Eldridge（2007）分析了风险投资环境中决策权的最佳分配及投资者和被投资方寻求互利的博弈过程，分析结果表明，风险投资公司在某些领域的授权可以保证创业计划得以成功管理，投资者可以将公司重要决策权授权给投资组合公司经理，原因在于，在特定环境下，承诺这样的行为更为有效和可行。预先计划的收购退出与投资者否决权和控制权有关，企业家经验越丰富，越倾向于选择普通股权融资方式，而投资者经验越丰富，越倾向于选择可转换优先股。吴斌和刘灿辉（2010）以深市中小板中的风投企业为研究样本，从风险投资持股比例、委派董事会人员数量和比例以及清算权和限制性条款等方面考察风险投资企业的控制权配置情况，从风险投资高管团队的平均年龄、平均受教育程度、平均任期和专业背景异质性几个方面考察风险投资企业高管团队的人力资本特征，并对两者之间的关系进行实证检验，研究发现，风险投资企业控制权配置与高管人力资本特征显著相关。Antonczyk 和 Salzmann（2012）通过引入行为学的观点，对 49 个国家的跨国实证分析发现，投资者个人风险感知与风险投资活动呈正相关关系，不确定性规避与风险投资活动呈负相关关系，风险感知和不确定性规避影响企业控制权配置。鲁银梭（2014）基于 SCP 逻辑框架的分析，指出权力观、主体间的信任程度和谈判能力影响控制权配置，不同创业主体之间相互作用会引起组织资源结构和治理结构的变化，并进一步影响企业成长。Wang 等（2017）基于不完全契约理论，以异质性风险投资企业为研究对象对控制权结构的影响因素进行了分析，研究发现，风险资本家的议价能力越强、监督成本越高，风险投资企业越倾向于选择投资者和创业者联合控制的方式。

在组织绩效和特征对控制权配置的影响方面。Kaplan 和 Stromberg（2003）拓展了 Aghion 和 Bolton 的不完全契约模型，通过对风险投资金融的实证分析，研究发现企业家和风险投资家之间的控制权分配往往取决于企业绩效的某些衡量指标，如果税前利润与利息等绩效指标较低，风险投资公司获得对公司的完全控制权，如果税前利润与利息等绩效指标较高，风险投资公司将会放弃大部分控制权。Vauhkonen 等（2003）进一步将企业绩效信号区分为"好""中""差"三种自然状态，指出企业家在绩效信号显示"好"时保留全部控制权，投资者在绩效信号显示"差"时获得全部控制权，在绩效信号显示"中等"状态时由缔约双方共享控制权。Shet 和 Lin（2007）基于中国台湾证券市场首次公开发行（IPO）样本对风险投资与董事会构成及公司股权结构之间的关系进行了分析，研究发现风险投资通过提供密集的监督服务集中投资，风险资本家的投资与更独立的治理结构和更高程度的信息透明度有关。Drees 等（2013）通过对欧洲收购数据的估值效应分析，指出创业企业控制权受融资约束、投资者私人收益和企业价值等因素的影响。陈敏灵等（2015）基于 Matlab 仿真方法建立数理模型，对高科技创业企业控制权配置进行分析，研究发现风险资本控制权受风险规避、投资额度等因素影响，创业企业控制权受创业企业收益、清算价值等因素影响。

在外部环境对控制权配置的影响方面。Lerner 和 Schoar（2005）发现估值往往与法律环境的质量呈正相关关系，在糟糕的法律环境中风险投资倾向于购买控股股权，使得创业团队早期的激励较弱。Kaplan 等（2003）指出现金流、清算和控制权以及董事会参与权，因各国法律体系、会计准则和投资者保护的质量不同而不同，更成熟的私募股权或风险投资经理倾向于美国式经营。曾昭灶等（2012）基于 CSMAR 数据库第一大股东发生变更的上市公司样本，对控制权转移与投资者之间的关系进行分析，研究发现我国上市公司的控制权转移在一定程度上对投资者保护起到防护作用。李增泉等（2008）从债务融资约束角度对企业集团控制的成因进行了分析，研究指出金融发展深度和区域市场化进程影响企业集团的金字塔结构层级，是控制权配置的重要影响因素。徐细雄等（2008）指出，控制权动态配置机制与公司内部治理机制、外部信息披露与监管机制等其他治理工具之间存在着密切的互动关系。顾玲艳（2016）按照"关系—控制权配置—治理效率"的研究逻辑，通过股权配置、管理权配置两个层面八个维度对家族企业关系型控制权配置的治理效率进行了研究，指出家族企业控制权配置模式受到法律制度与市场环境、家族企业发展阶段、信任度以及文化背景多方面因素的影响。王雷和黄欢欢（2019）在 Tirole 固定投资模型基础上，基于技术契约视角构建了创业企业投资与控制权配置模型，研究发现公司创业投资母公司与被投资企业间的技术契合度与创业企业特定控制权呈正相关关系，与剩余控制权呈非线性关系。

2. 控制权的来源

（1）控制权的来源——财务性资源。

1937 年，科斯《企业的本质》一文的发表在企业理论演变过程中具有里程碑意义。与市场相对应，科斯将契约进一步细分为企业契约和市场契约，并指出作为价格机制的替代，企业对内部的资源配置可以通过一定的管理协调工作完成。该观点对市场、政府以及公司治理都有重要影响。然而，在很长一段时间里，企业内部控制问题并没有得到真正重视，Grossman 和 Hart（1986）与 Hart 和 Moore（1990）等改变了这一局面，三位学者创造性地引入了企业控制权问题，形成的理论通常被称为 GHM 理论或 GHM 模型（不完全契约理论）。

根据 GHM 理论的观点，有形资产（如物质资产）的剩余控制权是权力的来源，而剩余控制权在很多情况下又等同于产权，因此，物质资产的所有权亦即企业控制权的主要来源。股东的投票权往往由财产性资源所决定，产权制度是公司治理的基础，伴随财务资本的投入，投资者获得对企业的投票权，意味着拥有企业重要的控制权。然而也有学者指出，持股比例只是名义上的控制权，真正的控制权是由管理层所掌控的控制权，并且，投资者可能将自己的投票权让渡给企业管理者。

（2）控制权的来源——非财务性资源。

随着 Philippe、Tirole 和 Bolton（1992）以及 Aghion 和 Tirole（1997）等对控制权理论的发展，越来越多的学者逐渐打破传统"资本强权观"的认知，认识到物质资本并不是企业唯一的关键资源，指出包括企业家人力资本在内的知识、信息、关键技术也是控制权来源的重要构成（周其仁，1996；Rajan，1998；郝云宏、王淑贤，2000；Colombo et al.，2009；杨其静，2012），据此，对控制权来源的认识由物质资本过渡到人力资本；随后，我国学者开创性地将社会资本的概念引入控制权的研究，提出与"股权控制链"（La Porta et al.，2000；Faccio and Lang，2002）相对应的新范式——"社会资本控制链"（高闯、关鑫，2008）；赵晶和郭海（2014）结合已有文献进一步通过案例研究验证了上市公司控股股东交叉使用"股权控制链"和"社会资本控制链"实现对公司的控制，进而补充和丰富了控制权来源的相关研究。

Aghion 和 Tirole（1997）对抽象意义上的"剩余控制权"概念进行了进一步拓展，用"进入"取代"所有权"的表述来解释关键资源的操作能力，明确指出由于关键资源的"进入"能够产生专用性的知识和技能，控制权的来源可能与任何关键资源的"进入"有关。因此，因关键资源"进入"所产生的知识和技能应该与控制权配置相匹配，即具有专业知识和信息优势的主体获得公司控制权。

杨瑞龙和周业安（1998）指出，早期公司治理强调"股东至上"的逻辑思路，因而将"资本雇佣劳动"的控制权结构视为有效的治理结构，然而，创造"企业剩余"的不仅包括股东投入的财务资源等物质基础，同样还包括雇员提供的人力资本等非物质基础，因此公司治理结构创新应该由"股东至上"的逻辑思路过渡到"利益相关者至上"的逻辑思路，与之相对应地，控制权配置也应该考虑人力资本所有者。

颜光华等（2005）认为，专有性资产是企业控制权的重要来源，控制权在物质资本与人力资本所有者间的配置取决于资产的专有程度。

梁上坤等（2015）从社会资本的断裂与构建描述其对控制权的影响，指出创始人的社会资本即为企业的社会资本，创始人通过社会资本构建相互之间的信任关系，降低交易成本，促进知识的吸收与向外延伸，从而与公司"三会"形成利益同盟，最终形成对公司的控制权。社会资本具有资产专用性特点，一旦创始人与外部投资发生冲突，创始人离开企业，可能导致企业社会资本的断裂，影响企业绩效。

王春艳等（2016）在前人研究的基础上将创始人控制权的来源进一步归纳为财产性、知识性和关系性资源三类资源，指出财产性资源以产权制度安排为基本逻辑，创始人在控制权争夺中对财产性资源的占有主要体现为其持股比例的多寡；知识性资源的逻辑基础为创始人专门性的人力资本投资（Blair，1995）；而关系性资源的逻辑基础为创始人对社会资本的控制及各关系方权力分享以及相互依赖的程度。在企业演进的不同阶段，伴随资本投资的引入，创始人的财产性资源（持股比例）不断减少，创始人会将知识性资源和关系性资源所带来的权力作为财产性资源所带来权力的替代（或者三种资源交织使用）实现对企业的控制。

（3）控制权的来源——制度建设。

Pfeffer和Salancik（1978）指出，权力依附于对组织关键问题的处理上，权力不是肮脏的秘密，而是成功的秘密，然而制度化的权力使得管理变得更加具有不确定性。因为权力的制度化缓冲了组织与现实世界，遮蔽了对环境的需求。在权力作用方面，通过对关键资源的利用，以提高自身的存在，具体措施包括对关键资源的控制，关键职位的联盟合作，定义组织的政策与制度。当权者通过将自身权力制度化来应对组织突发事件。通过制度化能够建立相对固定的结构和支持特定情境处理的政策。权力制度化的原因可以分为三种：一是通过职位与角色的设置实现组织活动的制度化；二是制度化权力来源于信息系统的能力构建，拥有信息的人员通常拥有更高的地位处理组织问题；三是分发薪酬和分配拥有的资源。通过制度化权力构建，加强了自身的权力，削弱了其他人的权力。

刘红娟和唐齐鸣（2004）指出，控制权配置是企业制度建设的核心，上市公司控制权能否被科学、合理地配置对公司治理效率有重要影响。

王春艳等（2016）认为，创始人承担着经营者、股东、控制者三重角色，创始人拥有的控制权来源于制度建设与自身资源两方面，就制度建设而言，通过制度和符号资源获得权力，并且通过创立章程、规则等方式扩大自身所拥有的权力。

三、控制权配置对企业绩效的影响研究

现有文献表明，控制权配置影响公司治理结构和企业价值，从而对企业绩效也产生重要影响。学者们对控制权配置问题虽然给予高度重视和诸多研究，但有关控制权配置与企业绩效和成长之间关系的研究并未形成一致性的结论。Philippe 和 Tirole（1992）较早研究了控制权配置对企业绩效的影响作用，指出不同的控制权配置对投资者和企业家个人收益产生影响的同时，也会对公司价值产生影响。Fama 和 Jensen（1983）及 Eisenhardt（1989）对家族企业研究发现，家族企业成员拥有绝对的控股权，且其亲属在企业发展中也同时承担着企业重要的管理岗位，所有者和经营管理者拥有一致的目标，即企业效益最大化。但控制权对企业价值也会产生负面影响，如家族上市公司大股东能够通过实施特殊的股权强化机制，如构建金字塔结构、实施交叉持股、设置分类投票权等方法，以少量股份获得企业实质的经营管理决策权力，并存在侵占企业资源，损害剥夺其他中小股东合法权益的行为，不利于企业价值的提高。Anderson 和 Reeb（2003）研究了创业家族所有权与企业绩效和成长之间的关系，研究结果表明，家族企业比非家族企业表现更好，家族创始人持股与公司绩效呈非线性关系，家族成员担任 CEO 时，其绩效优于外部 CEO。家族企业股权集中度越高，终极股东利用职位之便，通过关联交易、贷款担保、资产回购、转移定价等途径谋取私利的可能越大。Fan 等（2012）指出，在企业传承过程中因企业家声誉、社会网络等专用性

资产断裂导致公司需要适应新的市场契约而不是关系契约，因而会造成企业价值减损，此外，在创始人继任中会计业绩变动的程度要比非创始人继任者更大，原因在于，创始人继任者中专用性资产的消耗更大。陈健等（2015）指出，不同的控制权配置会影响不同决策主体的决策行为，最终影响创业企业的价值绩效。

国内学者近年来也开始关注控制权配置与企业绩效的问题，取得了一些研究成果。就成长期的企业绩效而言，相对于剩余索取权，剩余控制权能够更为直接地影响企业的扩张性决策与行动。赵昌文和庄道军（2004）利用概率投票模型和 Banzhaf 指数模型对中国上市公司有效控制权比例进行了测度，指出中国上市公司的发展从某种意义上说是控制和反控制的结果，通过控股、相对控股和交叉持股，使得公司的控制链得到加强。贺小刚和连燕玲（2009）认为不同利益相关者之间的权力配置将是影响创业型企业竞争力的重要因素。蒋哲昕（2010）研究认为企业价值和效益不仅取决于企业技术水平的高低，也受到控制权配置效率的影响，合理的控制权配置有助于提高企业生产技术效率。贺小刚等（2013）基于我国上市公司数据，对创始人控制权转移与企业价值关系进行实证检验，发现创始人留任行为有利于企业的成长。鲁银梭和郝云宏（2013）认为创业企业控制权配置能够显著影响创业企业成长绩效，并指出其作用机理是通过影响创业投资者的监督约束行为和创业企业家的努力程度等中介变量而发挥作用。陈健等（2015）通过对企业集团内部并购的实证分析，指出上市公司不同的控制权结构会导致不同的决策主体行为，进一步对公司价值指标造成影响。

王颖（2015）在控制权配置理论研究基础上，通过分析家族企业为中心的近代家族企业的成长问题，发现股权集中度、股权偏离、权威结构和权威传递以及利他主义是影响企业成长不同阶段控制权配置的重要影响因素。鲁银梭和郑秀田（2017）通过多案例构建"控制权配置—主体行为—创业企业成长"的理论框架，分别从控制权配置与信任、控制权配置与企业成长、企业家行为与企业成长以及投资者行为与企业成长几个方面对影响创业企业成长的因素和作用机理展开分析，研究发现创业企业不同的控制权配置和动态转移会影响投资者和企业家之间的信任关系与决策行为，并影响创业企业成长。

第四节　文献述评

首先，通过分析已有相关研究可以发现，学者们分别从物质资本、人力资本、社会资本以及制度建设多个方面验证了控制权的不同来源和作用，对控制权来源的关注也由关键性资源的所有拓展到对关键性资源的使用，但现有控制权的研究或从股权资本控制链条、或从股权资本与社会资本双重控制链条视角研究控制权的获取和维持问题，基于控制权争夺主战场中对稀缺性、关键性资源的互动和控制以及创始人所拥有的关键性资源对创始人控制权的影响有待进一步深入研究。

其次，现有文献亦有涉及控制权配置与企业成长之间关系的研究，但现有研究往往将控制权视为一个整体进行分析，同时由于有关控制权来源与本质的研究尚未达成统一，受制于控制权度量本身的困难，控制权配置与企业成长之间关系的相关研究还不够深入，学者们对于企业资源与控制权配置之间影响的作用机理以及两者之间作用关系对企业的影响仍然较为模糊，尚未形成一个较成熟的分析体系，也没有形成较为一致的研究结论。

需要重点说明的是，尽管"同股同权"一直以来是学界遵循的基本准则，但是研究发现，事实上所有权与控制权并不一定存在完全一一对应的关系，对此，学者们给出了不同的解读。伴随我国资本市场股权分散程度的深化和近年此起彼伏的企业控制权争夺事件，一方面，越来越多的企业或通过修改公司章程、在公司章程中加入保护创始人控制权的条款，或通过海外上市方式加强对企业控制权的保护；另一方面，在市场发展与制度进步的大环境下，2018年以来，自允许采用双层股权结构的公司在香港交易所上市后，我国内地也允许部分已采用双层股权结构的境外上市公司进入境内资本市场，2019年6月，科创板正式开板。但由于双层股权结构增大了企业的两权分离程度，与传统的"同股同权"原则有显著差异，具体到企业股权融资上，几乎所有研究都认为双层股权结构会增大企业的股权融资难度（Li et al.，2008；Dey et al.，2016；Lauterbach and Pajuste，2017）、加剧企业的委托—代理问题，资本市场总体上对双层股权结构大多持十分审慎的态度。在企业发展的不同阶段，创始人异质性资源的重要程度不同，企业对其资源的依赖强弱不同，也决定了创始人的治理角色与控制权配置的差异。以股权资本为基础的控制权配置模式，缺乏对创始人关系构建、资源互补以及控制权不同配置方式对价值创造作用问题的充分解释，实际上，创始人资源的异质性、互补性才是企业价值创造的源泉，对控制权配置影响因素的理解由"物质资本"拓展到"资源""创始人资源"，同时创始人的身份也从所有者拓展到经营者和管理者，创始人与创始人资源在企业价值中的作用不可忽视。

因此，在我国资本市场"同股同权"占主体地位、"同股不同权"尚处于起步和探索阶段的背景下，本书从控制权的来源、不同控制权来源对控制权配置和企业成长的影响几个角度进行分析，以期为我国特殊历史时期的控制权配置方面的学术研究和政策制定提供参考。

第三章　创始人关键性资源对民营上市公司控制权配置的影响研究

　　在第三章的探索性案例分析中，通过对万科、当当和雷士照明的多案例对比分析，初步探析了不同类型创始人关键性资源在控制权演进过程中的作用：民营上市公司控制权配置不仅受创始人财务资本的投入比例（财务性资源）影响，同时受到创始人学历、专业背景以及社会资本（知识性资源、关系性资源）的综合影响。然而，尽管案例研究可以为验证相关结论提供内容翔实、生动鲜活的论据，但研究结论并不具备形成普适性结论的充分性。因此，本章基于资源基础理论和控制权配置理论，分析创始人的不同类型关键性资源对民营上市公司控制权配置影响的作用机理，以 2010~2018 年我国民营上市公司大样本数据为研究对象，深入探究民营上市公司创始人关键性资源与控制权配置之间的内在联系。

第一节　理论分析与研究假设

一、创始人关键性资源对民营上市公司控制权配置的影响

　　早期研究分别围绕企业绩效、管理层信息优势与信任、制度环境等方面对影

响控制权配置的因素进行了辨识和分析，部分学者也在尝试从控制权的来源视角解释控制权的配置问题。例如，Aghion 和 Tirole（1997）用"进入"取代"所有权"的表述来解释关键资源的操作能力，明确指出由于关键资源的"进入"能够产生专用性的知识和技能，对任何关键资源的"进入"都可能是控制权的来源，进而影响企业控制权配置；张晓峰（2011）通过构造 O-SEA 分类将企业权力区分为四类，并据此对控制权配置的影响因素进行解释，相应的四类权力来源分别为 O 型权力之源——专用性投资、S 型权力之源——专有性资源、E 型权力之源——资本所有权和 A 型权力之源——组织结构；王春艳等（2016）运用多案例分析方法验证了基于创始人资源异质性的权力来源对控制权配置的作用。

资源依赖理论认为，一旦某一主体具备满足另一主体或事物所需资源时，需求方便会对供给方产生依赖（Peteraf，1993），且需求方对供给方的依赖程度与供给方资源或功能的重要性、稀缺性和可替代性正相关。鉴于已有研究关于创始人人力资本、社会资本对企业发展诸多作用的识别和论证，企业发展需要依赖上述资源。同时，Pfeffer 和 Slancik（1978）指出，这种依赖关系不仅存在于组织之间，组织内部同样存在且影响组织内部的权力配置；Pfeffer 和 Slancik（1978）的研究进一步指出，能够为组织提供关键资源的企业成员往往拥有企业较大实际控制权，而当创始人拥有企业所依赖的资源时，理应获得相应的优势地位，合理的控制权配置便是其中一种。

在控制权争夺过程中，对任何关键性资源的占有都可能成为权力的主要来源，一个人只要能够控制资源并合理界定、占有关键性资源，次要资源也会成为控制权的基础（Salancik and Pfeffer，1977；Williamson，1981）。学术界对于企业控制权来源研究也已逐渐形成广泛共识，无论是创始人所投入的资本、掌握的专业技能、具备的管理经验还是向企业提供的创新创意和核心技术都是影响控制权配置的基本因素。Villalonga 和 Amit（2006）研究证实当公司创始人兼首席执行官参与企业管理时，可以使其充分利用资本和非资本的联合优势，激发出更强的内在驱动力和工作积极性，最大限度地推动企业发展和价值创造。Charles 和 Garry（2006）认为如果创始人被动离职或突然退出企业管理层，可能会造成企业内外部关系出现真空，从而对企业造成负面影响；王春艳等（2016）的研究指出，随着财务性资源的不断稀释，在面临控制权争夺时，创始人往往通过知识性资源和关系性资源的替代效应以及制度设计实现对控制权的获取和维持。Sapienza 等（2003）指出，创始人可以吸引的关键资源包括由联合创始人、雇员和投资者提供的人力、社会和金融资本。然而，吸引这些资源往往以所有权和决策控制权为代价。在实践中，相关的企业案例也是数不胜数，如"宝万之争"中王石创始团队与宝能系之间的控制权角逐、雷士照明创始人吴长江的"两进三出"等都是很好的证明。由于创始人兼具所有者、控制者和经营者的多重角色，不同角色所代表的控制权来源又存在一定差异（刘磊、万迪昉，2004），根据斯科特和戴维斯的观点，基于所有者角色，其控制权主要来源于财务资本，而作为经营者和管理者，其权力更多来自创始人本身的人力资本以及长期累积的社会资本。王春艳等（2016）在前人研究的基础上将创始人控制权的来源进一步归纳为财务性、知识性和关系性三类创始人资源，其中财务性资源以产权制度安排为基本逻辑，创始人在控制权争夺中对财务性资源的占有主要体现为其持股比例的多寡；知识性资源的逻辑基础为创始人专门性的人力资本投资（Blair，1995），基于对知识、信息的占有所形成的通用性知识和专业性知识两类；而关系性资源的逻辑基础为创始人对社会资本的控制及各关系方权力分享以及相互依赖的程度。在企业演进的不同阶段，伴随资本投资的引入，创始人的财产性资源（持股比例）不断减少，创始人会将知识性资源和关系性资源所带来的权力作为财产性资源所带来权力的替代（或者三种资源交织使用）实现对企业的控制。本书将以上三种资源统称为创始人关键性资源，即创始人在创建及经营企业过程中通过个人努力和成长而形成的对企业发展至关重要的资源。创始人关键性资源的三个方面相辅相成、相互作用以保证创始人对企业真正的控制，即创始人掌握关键性资源有助于其对企业控制权的获取和维持。

首先，就创始人财务性资源而言，根据 GHM 理论的观点，有形资产（如物资资产）的剩余控制权是权力的来源，而剩余控制权在很多情况下又等同于产权，因此，物资资产的所有权亦即企业控制权的主要来源（杨瑞龙、聂辉华，2006）。目前，我国资本市场仍然以"同股同权"运行规则为主导，基于产权制度安排，在上市公司控制权配置过程中，各行为主体对财务性资源的占有主要表现为上市公司持股比例。作为公司最主要创建者和所有者，创始人往往拥有企业不同形式的财务性资源，在"同股同权"制度环境下，创始人通常通过股权控制链条影响公司控制权配置以获取和维持公司控制权。

其次，就创始人知识性资源而言，随着知识时代的到来，越来越多的学者逐渐突破传统"资本强权观"的认知局限，认识到企业关键性资源并不仅仅包括物质资本，包括企业家人力资本在内的知识、信息、关键技术也是控制权来源的重要构成（Rajan，1998；Colombo et al.，2009）。颜光华等（2005）认为，专有性资产是企业控制权的重要来源，控制权在物质资本与人力资本所有者间的配置取决于资产的专有程度。Aghion 和 Tirole（1997）指出，随着企业发展，具有知识和信息优势的行为主体将掌握公司"实际控制权"，知识性资源包括通用性知识和专用性知识两类，Miller 和 Shamsie（1996）指出，与财务性资源受产权制度和《中华人民共和国公司法》保护不同，知识性资源受知识壁垒的天然防护，民营上市公司创始人大多接受过较高的学历教育，一方面，从资产专用性角度看，在民营企业发展过程中，创始人利用自身专用性知识性资源构建权力基础，从而形成难以替代的专用性人力资本；另一方面，从隐性人力资本角度看，创始人在引入外部资本及联合创始人的过程中，其谈判能力很大程度上取决于创始人自身所拥有的知识和能力（劳剑东、李湛，2004），创始人知识性资源越丰富，民营上市公司控制权配置越有利于创始人控制权保护。

最后，就创始人关系性资源而言，王春艳等（2016）指出，关系性资源的逻辑基础为创始人对社会资本的控制及各关系方权力分享以及相互依赖的程度，创始人关系性资源作为企业社会资本的一个重要方面，是公司控制权配置的重要影响因素。已有研究表明，基于社会资本的关系性资源是上市公司控制权配置的重要影响因素。如高闯和关鑫（2008）在对传统股权控制权链分析范式深入剖析的基础上，基于社会资本理论的分析框架，创造性提出了新的分析范式——社会资本控制链；赵晶等（2010）在此基础上进一步通过案例研究验证了上市公司股东在实现控制公司过程中，对"社会资本控制链"和"股权控制链"的交叉使用，进而补充和丰富了控制权来源的相关研究；梁上坤等（2015）从社会资本的断裂与构建角度描述其对控制权的影响，指出创始人通过社会资本构建相互之间的信任关系，降低交易成本，促进知识的吸收与向外延伸，从而与公司"三会"形成利益同盟，最终实现对公司的控制。

以上研究均表明，资源是权力的载体，权力虽不等同于资源但须依托资源，权力的大小取决于控制资源的程度（丹尼斯郎，2001），创始人关键性资源是影响其能否取得控制权的关键因素。

基于此，本章提出如下假设：

H3.1：创始人关键性资源越丰裕，民营上市公司控制权配置越有利于创始人控制权保护。

具体而言：

H3.1a：创始人财务性资源越丰裕，民营上市公司控制权配置越有利于创始人控制权保护。

H3.1b：创始人知识性资源越丰裕，民营上市公司控制权配置越有利于创始人控制权保护。

H3.1c：创始人关系性资源越丰裕，民营上市公司控制权配置越有利于创始人控制权保护。

二、区域制度环境调节下创始人关键性资源对上市公司控制权配置的影响

作为公司治理理论与实践研究的核心问题之一（Burkart et al.，2003），控制权配置是一个相当复杂的问题，受到企业家、风险资本、组织绩效和特征以及外部制度环境等多方面因素影响。Peng 和 Luo（2000）指出，相较于成熟经济市场环境，在经济转型过程中，制度机制尚不成熟和健全，制度环境因此成为影响企业决策和经营活动十分关键的外部宏观环境因素。根据 Coase（1937）的观点，公司内部契约内生于外部制度环境，公司外部制度环境对内部契约安排（控制权配置）有潜移默化的重要影响。相较于西方成熟的制度环境，我国上市公司普遍面临资本市场不完善、区域环境差异化和政府干预等制度环境。

由于我国不同地域的经济发展水平、改革开放先后顺序以及地理位置差异，导致在政府干预、市场化进程等方面呈现出东部优于中部、中部优于西部的总体

区域环境特征（夏立军、方铁强，2005）。任广乾和汪敏达（2010）通过对前十大股东权利赋值的方式对政治关联指标进行界定，并对政治关联、区域环境以及企业绩效之间的关系进行了分析，指出政治关联程度受企业所在区域环境影响，市场经济越发达，企业政治关联程度越低，总体而言，中西部地区的政治关联程度高于东部地区。李志学等（2012）的研究指出，相较于中西部地区，东部地区因较早接触市场经济和西方商品经济，因此更加重视行业协会、商业协会等社会资本形式。同时，不同地域的社会资本、关系性资源水平也受到各地区经济、社会文化、法律因素的重要影响（潘越等，2009）。孙俊华和陈传明（2009）在对企业多元化战略与企业家社会资本之间的关系研究时发现，企业对资源的获取程度受不同地域市场金融环境、法律保护水平以及地域发达程度的影响。

作为制度环境的重要因素之一，市场化进程能够较好地反映政府与市场之间的关系，并且不同地域间的制度环境差异也已经被王小鲁、樊纲、胡李鹏等的多年研究所证明。在王小鲁等的研究中，主要从政府与市场的关系、非国有经济的发展、产品市场的发育程度、要素市场的发育程度以及市场中介和法律制度环境五个方面评价各地域的市场化相对进程，那么，市场化进程的多方面指标是如何影响创始人关键性资源作用于上市公司控制权配置的？本书认为，首先，从政府与市场之间的关系看，越是市场化程度相对较低的地区，政府收入占国内生产总值的比重普遍越高；越是市场化进程较低的区域，政府对市场的干预行为越多，对企业资源配置的影响也越大，对于关键性资源较丰富的创始人而言，凭借其与地方政府建立的政治关联在迎合地方政府利益的同时，通过地方政府干预企业经济行为进一步巩固其控制权地位，进而影响上市公司控制权配置，这也从侧面进一步解释了在 Allen 等（2005，2007）研究中发现的"奇怪"现象，即尽管制度环境不够完善，但在过去的 30 多年里，我国经济却实现了快速增长，究其原因，这种高速增长的背后是由制度环境的替代机制——非正式制度所决定的。其次，从非国有经济发展情况角度看，非国有经济发展的越好、市场化进程越高的地区，市场机制的作用越大，政府的影响也就越小，相对应地，创始人关键性资源对控制权配置的影响也就越小。再次，从产品市场和要素市场的发育程度角度看，一方面，产品市场发育程度越好，市场决定产品价格的程度越高，随着市场的开放，政府对商品市场的地方保护也会越低，相对应地，创始人依赖关键性资源的"人治"作用亦会降低；另一方面，要素市场发育程度越好，金融市场环境和职业经理人市场发展越好，创始人管理的个人优势将会减弱，进而降低关键性资源对控制权配置的作用。最后，从市场中介和法律制度环境角度看，市场中介和法律制度环境发展越完善，正式制度对市场法制环境保护、知识产权保护的程度越高，创始人关键性资源发挥作用的优势也会随之减弱。总体而言，随着制度环境中市场化进程的提高，上市公司面临的制度环境、市场环境将会更加完善，非正式机制的作用随之减弱，创始人关键性资源对上市公司控制权配置的影响也会减弱。

基于此，本章提出如下假设：

H3.2：市场化进程越高的地区，创始人关键性资源对上市公司控制权配置的影响越小。

具体而言：

H3.2a：市场化进程越高的地区，创始人财务性资源对上市公司控制权配置的影响越小。

H3.2b：市场化进程越高的地区，创始人知识性资源对上市公司控制权配置的影响越小。

H3.2c：市场化进程越高的地区，创始人关系性资源对上市公司控制权配置的影响越小。

第二节　实证研究设计

一、样本选择与数据来源

根据研究需要，本章选取 2010~2018 年在 A 股市场首先发行股票（IPO）的民营上市公司为初始样本。筛选和处理过程如下：①剔除缺失数据的样本观测值；②剔除曾经 ST 或 PT 的样本观测值；③剔除无创始人的样本观测值；④因金融类行业特殊的财务制度，因此剔除该行业的样本观测值。筛选和处理后，共得到由 2448 家公司、4101 条样本观测值构成的非平衡面板数据（Unbalanced Panel Data）。

相关数据主要来自上市公司招股说明书、CSMAR、WIND 数据库；相关财经网站和 Baidu 等搜索引擎。有关创始人的数据通过两种方式确认：首先，通过 CSMAR 国泰安数据库获取民营上市公司企业家（创始人）、高管（董事长、总经理）的个人信息，利用 Excel 宏命令设置关键词进行匹配筛选，并按照面板数据的格式建立创始人人口特征（如年龄）、知识性资源（学历、专业）以及关系性资源（网络关系、网络地位、网络声誉）数据文档；其次，根据招股说明书中"发行人情况"的描述，通过手工查阅整理获取创始人个人相关信息，并进行人工校对。数据收集和校对人员包括 2 位本科生和 1 位硕士生，使用的统计软件为 Stata15.0。

二、变量定义与测度

1. 创始人关键性资源的度量

本章承袭王春艳等的观点，将关键性资源界定为创始人在控制权获取和维持过程中最重要的来源、财务性资源（FS_1）以及作为财务性资源补充的知识性资源（FS_2）、关系性资源（FS_3）。其中财务性资源（FS_1）用创始人持股比例表示；知识性资源（FS_2）用创始人职称、学历表示；关系性资源（FS_3）用创始人的网络关系、网络地位和网络声誉表示。考虑到行政级别的高度影响创始人获取资源的广度和深度，参照游家兴等（2014）的做法，对关系性资源的各子指标根据行政级别（区县、地市、省、中央）分别赋予 1、2、3 和 4 的权重后，进行加总，从而得到创始人关系性资源的各维度子指数。如表 3-1 所示。

表 3-1　创始人关键性资源指标

维度	衡量指标	定义	赋值说明
财务性资源	股东身份	创始人持股	创始人持股比例

续表

维度	衡量指标	定义		赋值说明
知识性资源	专业身份	职称		初级、中级和高级分别赋值1、2、3
		学历		本科以下、本科、硕士、博士分别赋值1、2、3、4
关系性资源	网络关系	与政府部门关系		曾在政府部门任职（包括作为政府咨询专家）赋值1，否则为0
		与金融机构关系		曾在银行、证券公司等金融机构任职赋值1，否则为0
		与其他企业关系		曾在其他企业任职赋值1，否则为0
	网络地位	政治身份		担任人大代表或政协委员赋值1，否则为0
		经济身份		在商业协会任职（会长、理事）赋值1，否则为0
		其他身份		在非商业协会任职（会长、理事）赋值1，否则为0
	网络声誉	荣誉称号		获得劳动模范、先进个人、红旗手等称号赋值1，否则为0
		荣誉嘉奖		获得政府表彰或嘉奖赋值1，否则为0

资料来源：笔者整理。

2. 民营上市公司控制权配置的度量

在民营企业发展过程中，创始人的作用不可忽视，创始人往往同时扮演多种角色，既是企业所有者，又是企业的管理者和经营者。因此本章中上市公司控制权配置问题主要以民营上市公司创始人为研究对象。在企业不断发展壮大并融资上市的过程中，作为向公司投资的一个条件，外部投资除了获得公司部分所有权外，通常会要求一个或多个董事会席位（Gorman and Sahlman，1989）。从本质上说，企业家和投资者的利益可能会产生分歧，由于投资者关心财务回报，而企业家也享有控制权的私人利益（Philippe and Patrick，1992；Kapian and Stromberg，2003）。当创始人和外部投资（或联合创始人）意见相左时，控制权配置就变得至关重要。控制一般以事前控制和事后控制两种形式提供，事前控制由董事会代表驱动，事后控制由创始人是否被替换为 CEO 来表示（Hellmann，1996）。借鉴 Noam Wasserman（2017）的做法，从两个层面衡量控制权配置对 CEO 职位的控制（创始人仍然是 CEO 吗？）和对董事会的控制（创始人和内部高管在董事会席位中所占比例）。

创始人对 CEO 职位的控制（FC_1）方面，由于本书主要考察创始人关键性资源对民营上市公司基于创始人保护的控制权配置的作用机制，因此该变量为虚拟变量，即当民营上市公司的控制权配置为创始人提供地位保护（创始人继续担任 CEO 职位）时取值 1，否则为 0。参照以往文献做法（Adams，2009；夏立军等，2012；王艳波等，2019），变量选取过程如下：首先，根据上市公司公告确定创始人信息，对于存在多名创始人的情形，本部分将企业创立之初持股最多或担任董事长（总经理）职位的创立者视为创始人。其次，根据上市公司招股说明书获取董事长、总经理名单，进一步将两者进行匹配，若企业 IPO 后创始人继续担任董事长职务，则说明民营上市公司的控制权配置为创始人提供了保护，取值 1，否则取值 0。

创始人对董事会的控制（FC_2）方面，变量选取过程如下：首先，从 CSMAR 国泰安数据库中获取上市公司董事会成员、高管成员信息，进一步结合已经获取的创始人信息进行匹配，统计董事会中创始人及内部高管的人数，最后取创始人及内部高管与董事会人数的比值。计算公式如下：

FC_2 =（创始人董事会成员+内部高管董事会成员人数）/董事会人数×100%

3. 区域制度环境变量的度量

本书借鉴夏立军等（2012）、李诗田和邱伟年（2015）的做法，将《中国分省份市场化指数报告（2018）》（王小鲁、樊纲、胡李鹏）中的各地区市场化总指数评分作为区域制度环境的替代变量，市场化指数分值越高说明该地区制度环境越好（严若森等，2019）。

4. 控制变量及其测度

参考已有研究 Li 和 Srinivasan（2011）、李海霞（2017）的做法，本部分选择了如下控制变量：①创始人年龄（FA）；②董事会持股比例（BS）；③两职合一（D）；④股权集中度（T）；⑤企业规模（S1）；⑥企业历史（N）；⑦资产负债率（L）；⑧现金比率（CR）；⑨独董比例（IS）。另外对行业进行了控制。变量具体定义如表 3-2 所示。

表 3-2　变量定义

变量类型	变量名称	变量代码	变量含义及测量方法
被解释变量	控制权配置	FC_1	CEO 职位层面控制。创始人担任董事长取值 1，否则取 0
		FC_2	董事会层面的控制。创始人和内部高管在董事会中拥有董事会席位的比例
解释变量	创始人关键性资源	FS_1	财务性资源
		FS_2	知识性资源
		FS_3	关系性资源
调节变量	区域制度环境	Ens	王小鲁、樊纲、胡李鹏编制的《中国分省份市场化指数报告（2018）》中的各地区市场化总指数
控制变量	创始人年龄	FA	上市时创始人年龄
	董事会持股比例	BS	董事会持股数占总股数的比值
	两职合一	D	董事长兼任总经理取值 1，否则为 0
	股权集中度	T	前 10 大股东持股比例
	企业规模	S1	当年企业总资产取对数
	企业历史	N	当年年份减去企业注册登记年份数值
	资产负债率	L	总负债与总资产的比值
	现金比率	CR	自由现金流与总资产的比值
	独董比例	IS	独立董事人数/董事会人数
	行业	Industry	行业虚拟变量
	年份	Year	年度虚拟变量

资料来源：笔者整理。

三、实证模型设计

为对假设 3-1 进行检验，设计回归模型如下：

$$FC_{1it} = \beta_0 + \beta_1 \times FS_{it} + \beta_2 \times FA_{it} + \beta_3 \times BS_{it} + \beta_4 \times D_{it} + \beta_5 \times T_{it} + \beta_6 \times S1_{it} + \beta_7 \times N_{it} + \beta_8 \times L_{it} + \beta_9 \times CR_{it} + \beta_{10} \times IS_{it} + \gamma \qquad (3-1)$$

$$FC_{2it} = \beta_0 + \beta_1 \times FS_{it} + \beta_2 \times FA_{it} + \beta_3 \times BS_{it} + \beta_4 \times D_{it} + \beta_5 \times T_{it} + \beta_6 \times S1_{it} + \beta_7 \times N_{it} + \beta_8 \times L_{it} +$$
$$\beta_9 \times CR_{it} + \beta_{10} \times IS_{it} + \gamma \tag{3-2}$$

式（3-1）中，被解释变量控制权配置为创始人对 CEO 职位层面的控制（FC_1），解释变量为创始人关键性资源 FS（FS_1，FS_2，FS_3）β_0 为截距项，$\beta_1 \sim \beta_{10}$ 为解释变量及各控制变量的系数，γ 为模型残差；式（3-2）中，被解释变量控制权配置为创始人对董事会层面的控制（FC_2），解释变量为创始人关键性资源 FS（FS_1，FS_2，FS_3）β_0 为截距项，$\beta_1 \sim \beta_{10}$ 为解释变量及各控制变量的系数，γ 为模型残差。

为对假设 3-2 进行检验，设计回归模型如下：

$$FC_1 = \beta_0 + \beta_1 \times FS_{it} + \beta_2 \times Ens_{it} + \beta_3 \times Ens_{it} \times FS_{it} + \beta_4 \times FA_{it} + \beta_5 \times BS_{it} + \beta_6 \times D_{it} + \beta_7 \times T_{it} +$$
$$\beta_8 \times S1_{it} + \beta_9 \times N_{it} + \beta_{10} \times L_{it} + \beta_{11} \times CR_{it} + \beta_{12} \times IS_{it} + \gamma \tag{3-3}$$

$$FC_2 = \beta_0 + \beta_1 \times FS_{it} + \beta_2 \times Ens_{it} + \beta_3 \times Ens_{it} \times FS_{it} + \beta_4 \times FA_{it} + \beta_5 \times BS_{it} + \beta_6 \times D_{it} + \beta_7 \times T_{it} +$$
$$\beta_8 \times S1_{it} + \beta_9 \times N_{it} + \beta_{10} \times L_{it} + \beta_{11} \times CR_{it} + \beta_{12} \times IS_{it} + \gamma \tag{3-4}$$

式（3-3）在式（3-1）的基础上加入了市场化指数（Ens）与创始人关键性资源（FS）的交互项 Ens×FS；式（3-4）在式（3-2）的基础上加入了市场化指数（Ens）与创始人关键性资源（FS）的交互项 Ens×FS，用以检验区域制度环境对创始人关键性资源与控制权配置的调节作用。

考虑到式（3-1）和式（3-3）中被解释变量为虚拟变量，采用 Logit 回归方法进行分析，同时，为避免多重共线性问题，将创始人关键性资源的三个变量分别代入模型中；另外，考虑到解释变量 FS_1、FS_2、FS_3 在大量样本中缺乏时间序列上的变化，如果选用固定效应分析方法会造成重要控制变量遗漏问题，由于随机效应能够同时兼顾个体之间的共同性和异质性特征，因此，借鉴逯东（2010）、乔朋华（2015）的做法，用随机效应的广义最小二乘法对式（3-2）和式（3-4）进行回归。另外，本部分对上述模型中的连续变量进行了上下各 1% 的缩尾处理。

第三节 结果分析与讨论

一、描述性统计与相关性检验

1. 研究样本总体概况

如图 3-1 所示，我国民营上市公司数量逐年增加，从 2010 年的 1194 家公司发展到 2018 年的 2448 家，而且，从图 3-1 亦可发现，民营企业每年 IPO 的数量也在不断增加。但需要指出的是，2012 年 10 月~2014 年 1 月为 IPO 暂停期，有 15 个月空窗期，因此 2013 年样本数为 0，且自 2014 年重启 IPO，从 2015 年开始，IPO 审核从严，IPO 有效样本数由 2017 年的 200 家锐减至 2018 年的 32 家。这也从侧面表明民营企业对我国经济发展的作用愈加明显，准入制度逐渐严格，IPO 企业从严审核对企业自身的发展与市场环境的改善多有裨益，它要求企业不断完善自身，提高自身盈利质量，更加合法合规。

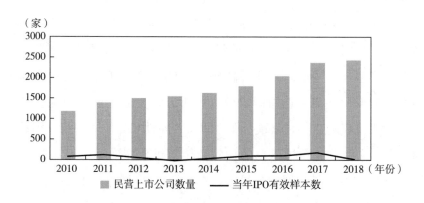

图 3-1 我国民营上市公司数量及增长趋势

资料来源：笔者整理。

　　我国民营上市公司行业及区域分布情况如表3-3所示。本部分以中国证监会最新制定颁布的上市公司行业分类为准,除将制造业分为二级门类外,其他类均为一级门类。

表3-3　我国民营上市公司行业及区域分布

行业名称	行业代码	总计		东部		中部		西部	
		数量（家）	比例（%）	数量（家）	比例（%）	数量（家）	比例（%）	数量（家）	比例（%）
农、林、牧、渔业	A	28	0.68	3	10.71	14	50	11	39.29
采掘业	B	45	1.10	34	75.56	0	0	11	24.44
食品、饮料	C0	104	2.54	59	56.73	45	43.27	0	0
纺织、服装、皮毛	C1	140	3.41	108	77.14	22	15.71	10	7.14
木材、家具	C2	304	7.41	221	72.70	38	12.5	45	14.80
造纸、印刷	C3	652	15.90	537	82.36	70	10.74	45	6.90
石油、化学、塑胶	C4	384	9.36	321	83.59	53	13.8	10	2.60
电子	C5	265	6.46	247	93.21	18	6.79	0	0
金属、非金属	C6	262	6.39	205	78.24	48	18.32	9	3.44
机械、设备、仪表	C7	907	22.12	672	74.09	171	18.85	64	7.06
医药、生物制品	C8	168	4.10	91	54.17	33	19.64	44	26.19
其他制造业	C9	33	0.80	33	100	0	0	0	0
电力、煤气、水	D	5	0.12	2	40	0	0	3	60
建筑业	E	88	2.15	75	85.23	6	6.82	7	7.95
交通运输、仓储业	F	35	0.85	19	54.29	6	17.14	10	28.57
信息技术业	G	358	8.73	330	92.18	8	2.23	20	5.59
批发和零售贸易	H	26	0.63	9	34.62	17	65.38	0	0
房地产业	J	146	3.56	117	80.14	13	8.90	16	10.96
社会服务业	K	49	1.19	49	100	0	0	0	0
传播与文化产业	L	27	0.67	24	88.89	0	0	3	11.11

续表

行业名称	行业代码	总计		东部		中部		西部	
		数量（家）	比例（%）	数量（家）	比例（%）	数量（家）	比例（%）	数量（家）	比例（%）
综合类	M	75	1.83	58	77.33	9	12	8	10.67
合计		4101	100.00	3214	78.37	571	13.92	316		7.71

资料来源：笔者整理。

由表3-3可知，首先，民营上市公司中大部分属于制造业，在所有行业分布中，机械、设备、仪表所占比例最高，占总体样本的22.12%，其次为造纸、印刷（15.90%）和石油、化学、塑胶行业（9.36%）；其次，虽然民营上市公司的分布区域越来越广泛，但东部、中部和西部区域之间分布并不均衡，绝大部分民营上市公司分布在经济相对发达的东部地区，其中东部区域民营上市公司数量为3214家，占总样本的78.37%，中部区域民营上市公司数量为571家，占总样本的13.92%，西部区域民营上市公司数量为316家，占总样本的7.71%；最后，尽管民营上市区域分布不均衡，但东部、中部、西部区域都在一定程度利用当地区位优势发展，信息技术业（92.18%）、社会服务业（100%）等多分布在东部区域，批发和零售贸易（65.38%）和农、林、牧、渔业（50%）多集中在中部地区，而电力、煤气、水在西部区域所占比例最高（60%）。

2. 描述性统计与相关性检验

各变量的描述性统计分析如表3-4所示，样本公司中有84%的民营企业创始人在公司上市后继续保持对CEO职位的控制（FC_1），创始人对董事会控制的比例均值为33.94%（FC_2），但差异较大（标准差为12.67），这表明尽管"成长与控制"一直是企业发展的两难问题，但民营企业创始人始终比较重视控制权的保护[①]，民营企业创始人控制权获取和维持是一个伴随民营企业发展全过程的问题。创始人财务性资源（FS_1）、知识性资源（FS_2）、关系性资源（FS_3）的均值

---

① 夏立军等（2012）对1997~2007年民营IPO企业的相关数据统计结果显示，该数值为82.2%；贺小刚等（2013）对2001~2007年民营上市公司相关数据统计结果显示，该数值为86.73%；徐炜和王超（2016）对2008~2010年民营IPO高科技企业相关数据统计结果显示，该数值为87%。

分别为 22.39、3.86 和 1.92，标准差分别为 16.43、1.26 和 1.28，表明不同民营企业创始人的关键性资源存在较大差异。同时我国民营上市公司股权集中情况比较普遍，表现在前十大股东持股比例（T）均值为 64.40；民营企业创始人的平均年龄（FA）为 53.30，年龄差距较大（标准差 8.25），民营企业继任与传承问题亟待解决。

表 3-4 主要变量的描述性统计分析结果

变量	N	均值	最小值	25%分位数	中值	75%分位数	最大值	标准差
FC$_1$	4101	0.84	0	1	1	1	1	0.36
FC$_2$	4101	33.94	0	25.00	33.33	42.86	88.89	12.67
FS$_1$	4101	22.39	0	8.25	22.06	34.75	67.63	16.43
FS$_2$	4101	3.86	2	3	4	5	7	1.26
FS$_3$	4101	1.92	0	1	1	3	6	1.28
FA	4101	53.30	29	48	52	58	88	8.25
BS	4101	33.76	0	16.81	36.23	49.88	89.18	20.55
D	4101	0.46	0	0	0	1	1	0.50
T	4101	64.40	18.78	57.17	66.68	73.82	99.01	12.09
S1	4101	21.38	19.22	20.73	21.28	21.89	25.52	0.85
N	4101	14.09	1	10	14	17	43	5.14
L	4101	1.11	0.008	0.17	0.28	0.43	76.95	5.81
CR	4101	3.59	0	0.32	0.71	1.77	683.99	21.11
IS	4101	33.47	0	33.33	33.33	42.86	75.00	12.73

为检验各变量之间因存在多重共线性问题而影响回归结果的一致性和无偏性，本部分对各主要变量进行 Pearson 相关系数检验，检验结果如表 3-5 中的 Panel A 和 Panel B 所示。

表3-5 主要变量间的 Pearson 相关系数检验

Panel A：基于创始人 CEO 职位的控制权配置下各变量间的相关系数检验

变量	FC_1	FS_1	FS_2	FS_3	FA	BS	D	T	S1	N	CR	L	IS
FC_1	1												
FS_1	0.321***	1											
FS_2	0.119***	-0.079***	1										
FS_3	0.100***	-0.073***	0.161***	1									
FA	-0.125***	-0.236***	0.005	0.172***	1								
BS	0.191***	0.799***	-0.127***	-0.128***	-0.190***	1							
D	0.060***	0.131***	0.050***	-0.041***	-0.187***	0.083***	1						
T	0.098***	0.209***	-0.145***	0.008	-0.134***	0.252***	0.047*	1					
S1	-0.041***	-0.196***	-0.003	0.146***	0.142***	-0.288***	-0.129***	-0.207***	1				
N	0.028*	-0.002	0.008	0.085***	0.194***	-0.057***	-0.022	-0.105***	0.141***	1			
CR	0.025	0.023	-0.003	-0.013	-0.015	0.043***	-0.023	0.048***	-0.081***	-0.027*	1		
L	0.030**	-0.001	-0.009	0.006	0.003	-0.002	-0.021	0.019	0.033**	-0.035**	0.299***	1	
IS	-0.026	0.007	0.005	-0.061***	0.004	-0.026*	-0.028*	-0.128***	0.131***	0.062*	-0.010	0.030*	1

Panel B：基于创始人董事会地位的控制权配置下各变量间的相关系数检验

变量	FC_2	FS_1	FS_2	FS_3	FA	BS	D	T	S1	N	CR	L	IS
FC_2	1												
FS_1	0.167***	1											
FS_2	0.040***	-0.079***	1										

续表

Panel B：基于创始人董事会地位的控制权配置下各变量间的相关系数检验

变量	FC$_2$	FS$_1$	FS$_2$	FS$_3$	FA	BS	D	T	S1	N	L	CR	IS
FS$_3$	-0.007***	-0.073***	0.161***	1									
FA	-0.062***	-0.236***	0.005	0.172***	1								
BS	0.155***	0.799***	-0.127***	-0.128***	-0.190***	1							
D	0.265***	0.131***	0.050***	-0.041***	-0.187***	0.083***	1						
T	-0.052***	0.209***	-0.145***	0.008	-0.134***	0.252***	0.047***	1					
S1	-0.021	-0.196***	-0.003	0.146***	0.142***	-0.288***	-0.129***	-0.207***	1				
N	-0.005	-0.002	0.008	0.085***	0.194***	-0.057***	-0.022	-0.105***	0.141***	1			
CR	0.009	0.023	-0.003	-0.013	-0.015	0.043***	-0.023	0.048***	-0.081***	-0.027*	0.299***	1	
L	-0.003	-0.001	-0.009	0.006	0.003	-0.002	-0.021	0.019	0.033**	-0.035**	1		
IS	0.001	0.007	0.005	-0.061***	0.004	-0.026*	-0.028*	-0.128***	0.131***	0.062*	0.030*	-0.010	1

注：***、**、*分别表示在1%、5%、10%水平上显著。

由表 3-5 的 Panel A 和 Panel B 的相关分析结果可知，首先，从相关系数的大小看，除董事会持股比例（BS）与创始人财务性资源（FS_1）之间的相关系数为 0.799 外，其余变量之间的相关系数都没有超过 0.5，可以初步认为各变量之间不存在多重共线性问题；其次，从相关系数的显著性看，表中相关分析的 P 值大多都小于 0.01，拒绝变量之间不存在相关性的原假设，无法单纯从相关分析的结果判断多重共线性问题。因此，本部分进一步计算了各变量的方差膨胀系数，如表 3-6 所示。

表 3-6　各变量方差膨胀系数

变量	VIF	1/VIF
BS	3.02	0.330664
FS_1	2.91	0.343620
S1	1.19	0.837198
FA	1.17	0.856496
BS	1.14	0.874488
D	1.11	0.898332
T	1.10	0.905225
S1	1.14	0.909267
N	1.07	0.931916
CR	1.07	0.935457
L	1.06	0.941107
IS	1.04	0.959059
Mean VIF	1.42	

注：＊＊＊、＊＊、＊分别表示在1%、5%、10%水平上显著。

由表 3-6 可知，各变量的单独 VIF 值和所有变量的 VIF 均值都显著小于 10，可以较为肯定地判定本书中各变量之间不存在多重共线性问题，可以避免模型系数估计不准或估计失真等问题。

二、创始人关键性资源与上市公司控制权配置的回归分析

为深入研究创始人关键性资源对民营上市公司控制权配置的影响作用，本部

分利用设计的数量模型考察创始人财务性资源、知识性资源和关系性资源对民营上市公司控制权配置的影响，由于创始人财务性资源、知识性资源和关系性资源三者之间显著相关，为避免多重共线性问题，本部分将创始人关键性资源的三个变量分别代入模型中；由于创始人对 CEO 职位的控制（FC_1）为虚拟变量，因此对模型（1）~模型（3）采用 Logit 回归方法进行分析，另外，由于创始人财务性资源、知识性资源和关系性资源在大量样本中缺乏时间序列上的变化，如果选用固定效应分析方法会造成重要控制变量遗漏问题，随机效应能够同时兼顾个体之间的共同性和异质性特征，因此，借鉴逯东（2010）、乔朋华（2015）的做法，用随机效应的广义最小二乘法对模型（4）~模型（6）进行回归。

回归结果如表 3-7 所示，创始人财务性资源（FS_1）、知识性资源（FS_2）、关系性资源（FS_3）均与民营上市公司控制权配置（FC_1）在 1% 的置信水平上显著正相关，H3.1a、H3.1b、H3.1c 得到验证；创始人财务性资源（FS_1）、知识性资源（FS_2）与民营上市公司控制权配置（FC_2）在 1% 和 5% 的置信水平上显著正相关，创始人关系性资源与民营上市公司控制权配置（FC_2）在 1% 的置信水平上显著正相关，H3.1a、H3.1b、H3.1c 再次得到验证。这表明当创始人关键性资源较为丰裕时，民营企业更有可能对创始人资源形成依赖，上市后的控制权配置就更有可能为创始人提供保护，即创始人关键性资源越丰裕，民营上市公司控制权配置越有利于创始人控制权保护。

表 3-7 创始人关键性资源对控制权配置的影响

变量	FC_1			FC_2		
	（1）	（2）	（3）	（4）	（5）	（6）
FS_1	0.115*** (17.53)			0.053*** (2.71)		
FS_2		0.369*** (9.67)			0.388** (2.56)	
FS_3			0.356*** (8.55)			0.257* (1.68)
FA	-0.015*** (-2.67)	-0.030*** (-5.58)	-0.037*** (-6.66)	0.011 (0.44)	0.002 (0.06)	-0.004 (-0.15)

续表

变量	FC$_1$			FC$_2$		
	（1）	（2）	（3）	（4）	（5）	（6）
BS	0.036*** (−9.45)	0.028*** (11.26)	0.026*** (10.87)	0.073*** (4.60)	0.109*** (10.94)	0.107*** (10.80)
D	0.063 (0.64)	0.167* (1.78)	0.196** (2.09)	6.494*** (16.77)	6.521*** (16.86)	6.578*** (17.03)
T	0.013*** (3.56)	0.016*** (4.32)	0.01*** (2.60)	−0.104*** (−6.20)	−0.098*** (−5.80)	−0.105*** (−6.22)
S1	0.046 (0.74)	0.177*** (2.99)	0.091 (1.53)	0.678*** (2.74)	0.761*** (3.09)	0.689*** (2.78)
N	0.031*** (2.94)	0.037*** (3.77)	0.034*** (3.37)	−0.044 (−1.10)	−0.038 (−0.95)	−0.041 (−1.03)
CR	0.005 (1.05)	0.002 (0.59)	0.002 (0.61)	0.009 (0.97)	0.008 (0.90)	0.009 (0.92)
L	0.016 (1.35)	0.02* (1.73)	0.021* (1.80)	−0.008 (−0.24)	−0.007 (−0.22)	−0.008 (−0.22)
IS	−0.014*** (−3.11)	−0.009** (−2.22)	−0.009** (−2.10)	−0.018 (−1.07)	−0.017 (−1.00)	−0.016 (−0.95)
dshrs	0.001 (0.02)	−0.079** (−2.28)	−0.114*** (−3.30)	−0.237 (−1.62)	−0.288** (−1.99)	−0.309** (−2.12)
constant	−0.07 (−0.05)	−3.333** (−2.46)	0.21 (0.16)	21.405*** (3.79)	18.426*** (3.22)	21.756*** (3.84)
行业	YES	YES	YES	YES	YES	YES
年份	YES	YES	YES	YES	YES	YES
样本数	4101	4101	4101	4101	4101	4101
Chi^2	632.07	333.77	317.45	481.58	480.71	476.55
Prob>Chi^2	0.000	0.000	0.000	0.000	0.000	0.000

注：***、**、*分别表示在1%、5%、10%水平上显著。

事实上，虽然创始人关键性资源的三个方面都起到了影响上市公司控制权配置的作用，但影响程度却有明显不同。通过表3-7中的模型（1）～模型（6）可以发现，创始人知识性资源的影响程度最大（与 FC$_1$、FC$_2$ 回归系数分别为0.369和0.388），关系性资源次之（与 FC$_1$、FC$_2$ 回归系数分别为0.356和

0.257），创始人财务性资源的影响程度最小（与 FC_1、FC_2 回归系数分别为
0.115 和 0.053），这表明尽管我国资本市场仍然以"同股同权"的运行规则为主
导，但很显然物质资本已经不是权力的唯一来源，因管理能力、关系网络等形成
的知识性资源、关系性资源对权力配置发挥着越来越重要的作用，创始人的"人
治"优势不可忽视。

其他变量的回归分析结果显示，两职合一（D）的绝大部分系数都显著为
正，表明董事长兼任总经理有利于决策的统一，有助于创始人的地位保护；董事
会持股比例（BS）的系数显著为正，表明与相关研究结论一致，董事会持股比
例越高，越有利于创始人控制权保护。另外，需要注意的是，创始人年龄
（FA）与 FC_2 的回归系数在模型（4）、模型（5）中为正，在模型（6）中为负，
但并不显著，与 FC_1 的回归系数全部显著为负。该结果表明，虽然理论上随着年
龄增长，创始人的个人能力、经验以及社会资本等均会得到有效积累，使其关键
性资源得到强化，进而有利于其维系控制权，但由于 FA 的均值为 53.30，75%
分位数为 58，这表明民营企业已经逐渐进入新旧转型时期，代际传承将成为时
代的新命题。

三、区域制度环境对创始人关键性资源与上市公司控制权配置的调节效应分析

在前文分析的基础上，本部分将市场化进程作为区域制度环境的替代变量，
采用层级回归方法，在回归方程中加入关键性资源与市场化指数的交互项，以考
察创始人关键性资源的作用受区域制度环境的调节影响。由于创始人关键性资源
包括财务性资源、知识性资源和关系性资源三类资源，为进一步考察每一种资源
与创始人控制权之间的相互影响，本部分在回归方程中将三种资源分别与控制权
配置（FC_1、FC_2）进行回归分析。

为检验区域制度环境和创始人关键性资源之间的交互关系，本书将创始人关
键性资源与市场化指数程度相乘，如表 3-8 所示，模型（1）、模型（4）将市场
化指数程度与创始人财务性资源相乘（$Ens \times FS_1$），得到交互项以检验市场化指
数程度对财务性资源作用的调节效应；模型（2）、模型（5）将市场化指数程度

与创始人知识性资源相乘（Ens×FS$_2$），得到交互项以检验市场化指数程度对知识性资源作用的调节效应；模型（3）、模型（6）将市场化指数程度与创始人关系性资源相乘（Ens×FS$_3$），得到交互项以检验市场化指数程度对关系性资源作用的调节效应，如果交互项系数为负向，则表明市场化进程具有负向调节作用。

表 3-8　区域制度环境的调节作用

变量	FC$_1$			FC$_2$		
	（1）	（2）	（3）	（4）	（5）	（6）
FS$_1$	0.166***			0.158**		
	(6.24)			(2.37)		
FS$_2$		0.722***			0.102	
		(0.02)			(0.12)	
FS$_3$			0.785***			1.965***
			(3.35)			(2.60)
schzs	−0.053	−0.037	−0.046	0.022	−0.394	0.185
	(−1.18)	(−1.14)	(−0.81)	(0.11)	(−1.02)	(0.83)
FS$_1$×Ens	−0.006**			−0.012*		
	(−2.08)			(−1.70)		
FS$_2$×Ens		−0.040			0.033	
		(0.47)			(0.34)	
FS$_3$×Ens			−0.053**			−0.213**
			(−1.97)			(−2.37)
FA	−0.016***	−0.032***	−0.038***	0.007	0	−0.009
	(−2.81)	(0.04)	(−6.81)	(0.30)	(0)	(−0.38)
BS	−0.035***	0.028***	0.026***	0.073***	0.109***	0.106***
	(−9.06)	(11.21)	(10.93)	(4.63)	(10.98)	(10.69)
D	0.068	0.174*	0.201**	6.53***	6.534***	6.619***
	(0.68)	(16.88)	(2.13)	(16.86)	(16.91)	(17.15)
T	0.015***	0.018***	0.011***	−0.102***	−0.096***	−0.102***
	(3.88)	(−5.65)	(2.94)	(−6.08)	(−5.68)	(−6.07)
S1	0.052	0.193***	0.107*	0.661***	0.772***	0.665***
	(0.83)	(2.97)	(1.79)	(2.67)	(3.13)	(2.68)
N	0.033***	0.04***	0.036***	−0.04	−0.033	−0.036
	(3.09)	(−0.80)	(3.55)	(−1.00)	(−0.83)	(−0.90)

续表

变量	FC$_1$			FC$_2$		
	(1)	(2)	(3)	(4)	(5)	(6)
CR	0.005 (1.02)	0.002 (0.90)	0.002 (0.61)	0.01 (1.03)	0.009 (0.93)	0.008 (0.88)
L	0.016 (1.35)	0.02* (−0.26)	0.021* (1.75)	−0.01 (−0.29)	−0.009 (−0.27)	−0.008 (−0.22)
IS	−0.013*** (−3.01)	−0.01** (−0.84)	−0.009** (−2.22)	−0.017 (−1.04)	−0.016 (−1.00)	−0.017 (−1.01)
dshrs	−0.01 (−0.27)	−0.104*** (−2.18)	−0.131*** (−3.73)	−0.27* (−1.83)	−0.325** (−2.23)	−0.327** (−2.23)
constant	0.053 (0.04)	−3.545** (−2.19)	0.208 (0.15)	21.414*** (3.70)	21.35*** (3.28)	20.745*** (3.56)
行业	YES	YES	YES	YES	YES	YES
年份	YES	YES	YES	YES	YES	YES
样本数	4101	4101	4101	4101	4101	4101
Chi^2	648.16	365.36	338.60	488.64	485.58	486.59
Prob>Chi^2	0.000	0.000	0.000	0.000	0.000	0.000

注：***、**、*分别表示在1%、5%、10%水平上显著。

回归分析结果如表3-8所示，在考察市场化指数进程对创始人财务性资源作用的调节效应时，由模型（1）可以发现，FS$_1$对FC$_1$的影响系数为0.166（p-value<0.01），表明创始人财务性资源对上市公司控制权配置（FC$_1$）有正向影响，且FS$_1$与Ens的交乘项对FC$_1$有显著负向影响（β=−0.006，p<0.05），表明Ens得分越高，市场化进程越高的地区，创始人财务性资源对控制权配置的影响越小。由模型（4）可以发现FS$_1$对FC$_2$的影响系数为0.158（p-value<0.05），FS$_1$与Ens的交乘项对FC$_2$有显著负向影响（β=−0.012，p<0.1），进一步说明市场化进程较高的地区，创始人财务性资源对控制权配置的影响反而会减弱，从而验证了H3.2a。由模型（2）可以发现，FS$_2$与Ens的交乘项对FC$_1$影响系数为−0.040，FS$_2$与Ens的交乘项对FC$_2$影响系数为0.033，表明市场化进程越高的地区，创始人知识性资源对控制权配置的影响越小，但FS$_2$×Ens对FC$_1$、FC$_2$的影响均不显著，H3.2b不成立。由模型（3）可以发现，FS$_3$对FC$_1$的影响

系数为 0.785 （p-value<0.01），表明创始人关系性资源对上市公司控制权配置（FC_1）有正向影响，且 FS_3 与 Ens 的交乘项对 FC_1 有显著负向影响（β=-0.053，p<0.05），表明 Ens 得分越高，市场化进程越高的地区，创始人关系性资源对控制权配置的影响越小。由模型（6）可以发现 FS_3 对 FC_2 的影响系数为 1.965（p-value<0.01），FS_3 与 Ens 的交乘项对 FC_2 有显著负向影响（β=-0.213，p<0.05），进一步说明市场化进程较高的地区，创始人关系性资源对控制权配置的影响反而会减弱，由此，H3.2c 得到验证。

为进一步说明市场化指数程度对创始人关键性资源与上市公司控制权配置之间关系的影响作用，本章绘制了市场化指数程度对创始人关键性资源和控制权配置之间的调节作用图（由于创始人财务性资源与关系性资源的作用方向一致，故只列出关系性资源的作用图）。由图 3-2 可知，对于处于不同地域的民营上市公司，市场化进程存在一定差异，市场化进程越低，创始人关键性资源对民营上市公司控制权配置的影响越大，即随着区域制度环境的改善，创始人关键性资源对民营上市公司控制权配置的正向影响将会减弱。可能的解释是，随着市场化进程的提高，上市公司面临的制度环境、市场环境将会更加完善，创始人关键性资源等非正式机制的作用随之减弱，创始人关键性资源对上市公司控制权配置的影响也会减弱。

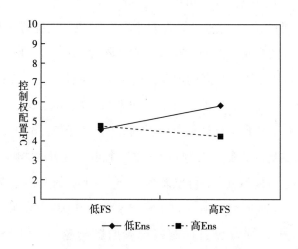

图 3-2　市场化指数程度的调节作用

四、基于内生性视角的创始人关键性资源对上市公司控制权配置的影响分析

事实上，创始人关键性资源与民营上市公司控制权配置之间可能存在"双向因果"关系，一方面，民营企业创始人拥有丰裕的关键性资源有利于创始人 CEO 地位的保护和加强其对董事会的控制；另一方面，民营上市公司的控制权配置越为创始人提供权力保护，创始人越有能力和动力去构建关键性资源。然而，传统的统计回归分析很难解决这一内生性问题，本章通过工具变量方法给予解决。

由于创始人关键性资源尤其知识性资源和关系性资源是一个资源累积的过程，其在企业创建之初可能不会立刻发挥作用，即创始人关键性资源对上市公司控制权配置的影响在时间上可能存在滞后性，因此，将滞后一期的创始人关键性资源变量作为创始人关键性资源的代理变量，从内生性视角对 H3.1 进行进一步检验，这样就可以克服创始人关键性资源与控制权配置的"双向因果"问题。分析结果如表 3-9 所示，滞后一期的创始人关键性资源（财务性资源、知识性资源、关系性资源）对上市公司控制权配置（FC_1、FC_2）具有明显的正向影响，其中创始人财务性资源、知识性资源和关系性资源对 FC_1 具有显著的正向影响（p-value<0.01），创始人财务性资源、知识性资源对 FC_2 具有显著的正向影响（p-value<0.01，p-value<0.05），H3.1 再次得到验证。

表 3-9　创始人关键性资源对控制权配置的影响（滞后一期）

变量	FC_1			FC_2		
	(1)	(2)	(3)	(4)	(5)	(6)
FS_{1t-1}	0.074*** (12.58)			0.073*** (3.63)		
FS_{2t-1}		0.358*** (8.62)			0.377** (2.20)	
FS_{3t-1}			0.286*** (6.58)			0.251 (1.45)
FA	−0.023*** (−3.75)	−0.033*** (−5.56)	−0.039*** (−6.52)	0.028 (1.00)	0.014 (0.50)	0.008 (0.28)

续表

变量	FC$_1$			FC$_2$		
	(1)	(2)	(3)	(4)	(5)	(6)
BS	−0.014***	0.03***	0.029***	0.067***	0.113***	0.112***
	(−3.41)	(11.06)	(10.62)	(4.03)	(9.95)	(9.84)
D	0.12	0.181*	0.209**	6.662***	6.726***	6.776***
	(1.14)	(1.76)	(2.04)	(15.20)	(15.35)	(15.47)
T	0.011***	0.016***	0.01**	−0.1***	−0.092***	−0.098***
	(2.71)	(3.95)	(2.52)	(−5.33)	(−4.88)	(−5.23)
S1	0.108*	0.172***	0.083	0.562**	0.654**	0.575**
	(1.65)	(2.74)	(1.32)	(2.07)	(2.40)	(2.10)
N	0.031***	0.035***	0.032***	−0.067	−0.058	−0.061
	(2.79)	(3.26)	(2.94)	(−1.47)	(−1.27)	(−1.34)
CR	0.005	0.003	0.003	0.009	0.008	0.008
	(1.06)	(0.73)	(0.74)	(0.89)	(0.81)	(0.83)
L	0.021	0.022*	0.022*	−0.015	−0.016	−0.016
	(1.63)	(1.77)	(1.82)	(−0.43)	(−0.45)	(−0.45)
IS	−0.013***	−0.01**	−0.008*	−0.022	−0.02	−0.018
	(−2.73)	(−2.21)	(−1.81)	(−1.14)	(−1.07)	(−0.95)
constant	−0.006	−0.021*	−0.003	−0.035	−0.049	−0.033
	(−0.51)	(−1.7)	(−0.27)	(−0.69)	(−0.95)	(−0.65)
行业	YES	YES	YES	YES	YES	YES
年份	YES	YES	YES	YES	YES	YES
样本数	4101	4101	4101	4101	4101	4101
Chi^2	632.07	333.77	317.45	481.58	480.71	476.55
Prob>Chi^2	0.000	0.000	0.000	0.000	0.000	0.000

注：***、**、*分别表示在1%、5%、10%水平上显著。

五、基于"同股不同权"视角的创始人关键性资源对上市公司控制权配置的影响分析

双重股权结构能够在一定程度上赋予企业家绝对的企业控制权，帮助创始人（创始团队）防止恶意收购，使其集中精力专注于企业长期业绩增长问题，因此，作为一种独特的控制权增强机制，双重股权结构已逐步得到世界资本市场的

认可（魏良益，2019；华生等，2019）。在市场发展和制度进步的大环境下，我国资本市场亦开始双重股权结构制度设计与实践。2018 年 4 月，自允许采用双层股权结构的公司在香港交易所上市后，我国内地也允许部分已采用双层股权结构的境外上市公司进入境内资本市场，2019 年 6 月，科创板正式开板，截至 2019 年底，共有 70 家科创板企业获得发行注册许可，实现首次公开发行并上市交易。

由前文实证分析结果可知，"同股同权"背景下，创始人关键性资源对民营上市公司控制权配置有显著正向影响，那么，在"同股不同权"背景下该结论是否依然成立？亦即在资本市场日趋成熟，"同股同权"与"同股不同权"并存背景下，创始人是否仍需要构建、拓展关键性资源？本书以科创板民营上市公司为研究样本对该问题进行了进一步检验（剔除外资企业、国企、其他企业以及无创始人企业后，科创板民营上市公司样本量为 32 家），实证分析结果如表 3-10 所示。

表 3-10　民营上市公司创始人关键性资源对控制权配置的影响（科创板）

变量	FC_2			
	（1）	（2）	（3）	（4）
FS_1		0.364 ** (2.13)		
FS_2			2.623 * (1.93)	
FS_3				-0.676 (-0.51)
FA	-0.218 (-0.69)	0.007 (0.02)	-0.230 (-0.78)	-0.221 (-0.51)
BS	0.252 * (1.92)	0.116 (0.86)	0.228 * (1.84)	0.253 * (1.90)
D	8.618 * (1.90)	6.268 (1.45)	8.096 * (1.90)	7.922 (1.65)
T	0.163 (0.77)	0.081 (0.41)	0.230 (1.14)	0.110 (0.46)
S1	1.514 (1.78)	1.319 (1.67)	1.441 * (1.80)	1.406 (1.58)
N	0.932 (1.33)	0.495 * (0.73)	0.971 (1.47)	0.902 (1.26)

续表

变量	FC$_2$			
	（1）	（2）	（3）	（4）
L	37.352 (1.84)	36.862 (1.97)	29.354 (1.51)	38.866 (1.87)
CR	0.255 (1.17)	0.250 (1.24)	0.188 (0.90)	0.244 (1.09)
IS	0.274 (0.57)	0.079 (0.17)	0.249 (0.55)	0.340 (0.67)
constant	−32.665 (−0.97)	−26.461 (−0.84)	−45.835 (−1.41)	−27.174 (−0.75)
行业	YES	YES	YES	YES
样本数	32	32	32	32
R^2	0.399	0.510	0.493	0.407
F	1.39	1.90	1.77	1.25

注：***、**、*分别表示在1%、5%、10%水平上显著。

由表3-10可知，在科创板民营上市公司样本中，创始人财务性资源FS$_1$与民营上市公司控制权配置FC$_2$在5%置信水平上显著正相关，创始人知识性资源FS$_2$与民营上市公司控制权配置FC$_2$在10%置信水平上显著正相关，创始人关系性资源FS$_3$与民营上市公司控制权配置FC$_2$负相关但不显著，这说明在"同股不同权"背景下，民营上市公司控制权配置仍然受到创始人关键性资源的影响，与H3.1基本一致。另外，由回归结果我们发现，相较于财务性资源，创始人知识性资源对控制权配置影响程度更大（2.623>0.364），可能的原因是，由于科创板上市公司更多来源于科技型创新型企业，对知识性资源的依赖程度更高，因此其控制权配置受创始人知识性资源的影响也就越大。

第四节　稳健性检验

为确保本章分析结果的有效性和研究结论的稳健性，本章将从如下几个方面进行稳健性测试：

一、用控制权指数 FCC 度量控制权配置变量

前文中的控制权配置变量主要从 CEO 职位的控制（创始人仍然是 CEO 吗?）和董事会的控制（创始人和内部高管在董事会席位中所占比例）两个层面衡量，为了检验这两个控制层面是否都是结果的真正驱动因素，在本节中我们使用一个离散的序数"控制指数"即控制权指数进行稳健性检验。控制权指数的取值范围在 0~2，当创始人既不控制 CEO 职位又不控制董事会（创始人和内部高管在董事会中拥有的席位不超过半数时，FC_2 取 0），即 FC_1 和 FC_2 都为 0 时，控制权指数 FCC 为 0；当创始人既控制 CEO 职位又控制董事会（创始人和内部高管在董事会中拥有的席位超过半数时，FC_2 取 1），即 FC_1 和 FC_2 都为 1 时，控制权指数 FCC 为 2；当创始人控制 CEO 职位和董事会两者之中的一个时，控制权指数 FCC 为 1。

由于控制权配置变量 FCC 是典型的多值选择模型，因此本书选用 Mlogit 模型（Multiple Logit Model）进行估计。除被解释变量控制权配置的衡量指标发生变化外，解释变量与控制变量均沿用表 3-10 中的变量设定，本章使用的回归模型如式（3-5）所示：

$$FCC_{it} = \beta_0 + \beta_1 \times FS_{it} + \beta_2 \times FA_{it} + \beta_3 \times BS_{it} + \beta_4 \times D_{it} + \beta_5 \times T_{it} + \beta_6 \times S1_{it} + \beta_7 \times N_{it} + \beta_8 \times L_{it} + \beta_9 \times CR_{it} + \beta_{10} \times IS_{it} + \gamma \qquad (3-5)$$

其中，FCC 代表民营上市公司控制权配置情况，在 Mlogit 分析过程中，以 FCC=0 即创始人既不控制 CEO 职位又不控制董事会为基准组，其他变量的释义如表 3-2 所示。另外，在多值选择模型中，通常情况下系数 β 不是边际影响，因此 β 的大小、符号并不能直接反映自变量对因变量的边际影响，甚至 β 的显著性也并不一定代表边际影响必然显著，因此在进行多值选择模型结果汇报时，β 参考价值有限。常见的做法有三种，第一种做法是只汇报边际影响 dy/dx；第二种做法是只汇报相对风险比率 RRR；第三种做法是将系数 β、边际影响 dy/dx、相对风险比率 RRR 三者中的两个或者三个估计结果进行汇报。本书借鉴张在冉和杨俊青（2020）的做法，主要汇报系数 β 和相对风险比率 RRR 的估计结果。Mlogit 模型的分析结果如表 3-11 所示。

表 3-11 Mlogit 模型回归结果

变量	(1) FCC=1 Coef	(1) FCC=1 RRR	(2) FCC=2 Coef	(2) FCC=2 RRR	(3) FCC=1 Coef	(3) FCC=1 RRR	(4) FCC=2 Coef	(4) FCC=2 RRR	(5) FCC=1 Coef	(5) FCC=1 RRR	(6) FCC=2 Coef	(6) FCC=2 RRR
FS_1	0.113*** (16.89)	1.119*** (16.89)	0.129*** (14.92)	1.138*** (14.92)								
FS_2					0.367*** (9.34)	1.444*** (9.34)	0.42*** (7.19)	1.522*** (7.19)				
FS_3									0.385*** (8.81)	1.469*** (8.81)	0.421*** (6.92)	1.524*** (6.92)
FA	-0.017*** (-2.96)	0.983*** (-2.96)	0.003 (0.38)	1.003 (0.38)	-0.033*** (-5.91)	0.967*** (-5.91)	-0.015* (-1.72)	0.985* (-1.72)	-0.041*** (-7.08)	0.96*** (-7.08)	-0.023** (-2.62)	0.977** (-2.62)
BS	-0.035*** (-9.08)	0.965*** (-9.08)	-0.027*** (-4.22)	0.974*** (-4.22)	0.027*** (10.71)	1.027*** (10.71)	0.046*** (11.10)	1.047*** (11.10)	0.026*** (10.38)	1.026*** (10.38)	0.045*** (10.86)	1.046*** (10.86)
D	0.073 (0.72)	1.076 (0.72)	0.925*** (6.12)	2.521*** (6.12)	0.175* (1.80)	1.191* (1.80)	1.041*** (7.05)	2.832*** (7.05)	0.208** (2.14)	1.232** (2.14)	1.084*** (7.35)	2.956*** (7.35)
T	0.016*** (4.10)	1.016*** (4.10)	-0.018** (-2.80)	0.982** (-2.80)	0.02*** (5.05)	1.02*** (5.05)	-0.012* (-1.95)	0.988* (-1.95)	0.013*** (3.41)	1.013*** (3.41)	-0.02*** (-3.22)	0.98*** (-3.22)
S1	0.071 (1.14)	1.074 (1.14)	-0.009 (-0.09)	0.991 (-0.09)	0.168*** (2.83)	1.183*** (2.83)	0.102 (1.07)	1.107 (1.07)	0.065 (1.08)	1.067 (1.08)	-0.011 (-0.11)	0.989 (-0.11)
N	0.032*** (2.92)	1.032*** (2.92)	0 (-0.01)	1 (-0.01)	0.039*** (3.79)	1.04*** (3.79)	0.009 (0.62)	1.009 (0.62)	0.035*** (3.33)	1.035*** (3.33)	0.004 (0.29)	1.004 (0.29)
CR	0.004 (0.84)	1.004 (0.84)	0.005 (1.03)	1.005 (1.03)	0.001 (0.39)	1.001 (0.39)	0.003 (0.64)	1.003 (0.64)	0.002 (0.41)	1.002 (0.41)	0.003 (0.66)	1.003 (0.66)
L	0.015 (1.23)	1.015 (1.23)	0.013 (0.84)	1.013 (0.84)	0.018 (1.54)	1.018 (1.54)	0.016 (1.03)	1.016 (1.03)	0.019 (1.59)	1.019 (1.59)	0.016 (1.05)	1.016 (1.05)

续表

变量	(1) FCC=1 Coef	(1) FCC=1 RRR	(2) FCC=2 Coef	(2) FCC=2 RRR	(3) FCC=1 Coef	(3) FCC=1 RRR	(4) FCC=2 Coef	(4) FCC=2 RRR	(5) FCC=1 Coef	(5) FCC=1 RRR	(6) FCC=2 Coef	(6) FCC=2 RRR
IS	-0.01** (-2.43)	0.99** (-2.43)	-0.011* (-1.73)	0.989* (-1.73)	-0.003 (-0.87)	0.997 (-0.87)	-0.003 (-0.49)	0.997 (-0.49)	-0.001 (-0.38)	0.999 (-0.38)	0 (-0.05)	1 (-0.05)
dshrs	-0.007 (-0.59)	0.993 (-0.59)	-0.013 (-0.79)	0.987 (-0.79)	-0.023** (-2.03)	0.978** (-2.03)	-0.029* (-1.76)	0.971* (-1.76)	0 (0)	1 (0)	-0.005 (-0.30)	0.995 (-0.30)
constant	-0.838 (-0.59)	0.433 (-0.59)	-0.935 (-0.42)	0.393 (-0.42)	-4.184*** (-3.02)	0.015*** (-3.02)	-4.835** (-2.17)	0.008** (-2.17)	-0.681 (-0.49)	0.506 (-0.49)	-0.923 (-0.42)	0.397 (-0.42)
行业	YES	YES	YES	YES	YES	YES	YES	YES	YES	YES	YES	YES
年份	YES	YES	YES	YES	YES	YES	YES	YES	YES	YES	YES	YES
样本数	4101	4101	4101	4101	4101	4101	4101	4101	4101	4101	4101	4101
LR Chi²	753.98				446.09				441.72			
Log likelihood	-2483.010				-2627.927				-2630.112			
Prob>Chi²	0.000				0.000				0.000			

注：***、**、*分别表示在1%、5%、10%水平上显著。

如表 3-11 所示，模型（1）、模型（2）为创始人财务性资源（FS_1）对控制权配置（FCC）的 Mlogit 分析；模型（3）、模型（4）为创始人知识性资源（FS_1）对控制权配置（FCC）的 Mlogit 分析；模型（5）、模型（6）为创始人关系性资源（FS_1）对控制权配置（FCC）的 Mlogit 分析。

首先，从模型（1）、模型（2）的回归系数看，在控制了其他影响因素后，相对于创始人既不控制 CEO 职位又不控制董事会（FCC=0）的企业来说，创始人财务性资源显著影响创始人控制 CEO 职位、董事会两者之一的企业（FCC=1）和创始人既控制 CEO 职位又控制董事会的企业（FCC=2），且均在 1% 水平上显著正相关；从模型（1）、模型（2）的相对风险比率 RRR 的结果看，相对于创始人既不控制 CEO 职位又不控制董事会（FCC=0）的企业，创始人财务性资源对创始人控制 CEO 职位、董事会两者之一的企业（FCC=1）和创始人既控制 CEO 职位又控制董事会的企业（FCC=2）影响的概率分别为 1.119 倍和 1.138 倍，这说明，创始人财务性资源越丰富，民营上市公司的控制权配置越有利于创始人 CEO 地位的保护和董事会控制，回归分析结果支持 H3.1a。

其次，从模型（3）、模型（4）的回归系数看，在控制了其他影响因素后，相对于创始人既不控制 CEO 职位又不控制董事会（FCC=0）的企业来说，创始人知识性资源显著影响创始人控制 CEO 职位、董事会两者之一的企业（FCC=1）和创始人既控制 CEO 职位又控制董事会的企业（FCC=2），且均在 1% 水平上显著正相关；从模型（3）、模型（4）的相对风险比率 RRR 的结果看，相对于创始人既不控制 CEO 职位又不控制董事会（FCC=0）的企业，创始人知识性资源对创始人控制 CEO 职位、董事会两者之一的企业（FCC=1）和创始人既控制 CEO 职位又控制董事会的企业（FCC=2）影响的概率分别为 1.444 倍和 1.522 倍，这说明，创始人知识性资源越丰富，民营上市公司的控制权配置越有利于创始人 CEO 地位的保护和董事会控制，回归分析结果支持 H3.1b。

最后，从模型（5）、模型（6）的回归系数看，在控制了其他影响因素后，相对于创始人既不控制 CEO 职位又不控制董事会（FCC=0）的企业来说，创始人关系性资源显著影响创始人控制 CEO 职位、董事会两者之一的企业（FCC=1）和创始人既控制 CEO 职位又控制董事会的企业（FCC=2），且均在 1% 水平上显著正相关；从模型（5）、模型（6）的相对风险比率 RRR 的结果看，相对于创始人既不控制 CEO 职位又不控制董事会（FCC＝0）的企业，创始人关系性资源对创始人控制 CEO 职位、董事会两者之一的企业（FCC＝1）和创始人既控制 CEO 职位又控制董事会的企业（FCC＝2）影响的概率分别为 1.469 倍和 1.524 倍，这说明，创始人关系性资源越丰富，民营上市公司的控制权配置越有利于创始人 CEO 地位的保护和董事会控制，回归分析结果支持 H3.1c。

　　总体来说，表 3-11 与表 3-7 的实证结果较为一致，即创始人关键性资源越丰裕，民营上市公司控制权配置越有利于创始人控制权保护。

二、剔除创始人控制的自选择效应检验

　　本章借鉴 Lennox 等（2012）的做法，对民营企业上市后公司控制权配置可能包含的自选择效应进行了稳健性检验。考虑到创始人通常在企业创建伊始就是企业的第一大股东和实际控制人，民营上市公司控制权配置可能存在自选择效应，参考李维安等（2017）的做法，将样本根据创始人持股比例分为绝对控制样本和相对控制样本，剔除绝对控制样本后重新检验，回归分析结果如表 3-12 所示。

表 3-12　创始人关键性资源对控制权配置的影响

变量	FC_1			FC_2		
	（1）	（2）	（3）	（4）	（5）	（6）
FS_1	0.124*** (17.81)			0.057*** (2.67)		
FS_2		0.363*** (9.40)			0.436*** (2.81)	
FS_3			0.357*** (8.44)			0.242 (1.53)
FA	-0.018*** (-3.01)	-0.032*** (-5.89)	-0.039*** (-6.96)	0.008 (0.31)	-0.001 (-0.04)	-0.006 (-0.24)
BS	-0.039*** (-9.86)	0.027*** (10.76)	0.026*** (10.40)	0.068*** (4.25)	0.104*** (10.10)	0.102*** (9.90)

续表

变量	FC$_1$			FC$_2$		
	(1)	(2)	(3)	(4)	(5)	(6)
D	0.043 (0.43)	0.145 (1.53)	0.174* (1.83)	6.486*** (16.37)	6.494*** (16.40)	6.557*** (16.58)
T	0.015*** (3.95)	0.016*** (4.32)	0.01*** (2.64)	−0.1*** (−5.94)	−0.095*** (−5.58)	−0.102*** (−6.05)
S1	0.055 (0.87)	0.186*** (3.10)	0.1* (1.67)	0.554** (2.20)	0.632** (2.51)	0.562** (2.22)
N	0.033*** (3.10)	0.039*** (3.83)	0.035*** (3.41)	−0.046 (−1.12)	−0.042 (−1.02)	−0.046 (−1.10)
CR	0.005 (0.99)	0.002 (0.57)	0.002 (0.58)	0.008 (0.85)	0.007 (0.80)	0.008 (0.82)
L	0.016 (1.32)	0.02* (1.71)	0.021* (1.79)	−0.009 (−0.25)	−0.007 (−0.20)	−0.007 (−0.21)
IS	−0.014*** (−3.12)	−0.009** (−2.04)	−0.008* (−1.95)	−0.01 (−0.61)	−0.008 (−0.47)	−0.008 (−0.44)
dshrs	0.008 (0.21)	−0.073** (−2.08)	−0.107*** (−3.08)	−0.234 (−1.57)	−0.284* (−1.92)	−0.299** (−2.01)
constant	−0.006 (−0.56)	−0.021* (−1.91)	0.001 (0.07)	−0.014 (−0.31)	−0.026 (−0.59)	−0.01 (−0.21)
行业	YES	YES	YES	YES	YES	YES
年份	YES	YES	YES	YES	YES	YES
样本数	3888	3888	3888	3888	3888	3888
Chi^2	628.48	305.53	292.36	445.92	446.76	440.60
Prob>Chi^2	0.000	0.000	0.000	0.000	0.000	0.000

注：***、**、*分别表示在1%、5%、10%水平上显著。

回归分析结果如表3-12所示，模型（1）~模型（3）以基于创始人CEO职位保护的控制权配置为被解释变量，模型（4）~模型（6）以基于创始人董事会地位保护的控制权配置为被解释变量。模型（1）~模型（3）中创始人关键性资源对基于创始人CEO职位保护的控制权配置FC$_1$和模型（4）~模型（6）中创始人关键性资源对基于董事会地位保护的控制权配置FC$_2$大部分表现出显著的正相关关系，本章中H3.1的结论通过稳健性检验，结论再次成立。

三、剔除金融危机影响的再次检验

2008 年的美国金融危机，包括中国在内的各国经济都受到了一定程度的影响，考虑到 2010 年是自 2008 年全球金融危机后我国经济复苏的第一年，本章截取 2011~2018 年的民营上市公司为子样本，采取相同变量和回归方程进行检验假设，回归分析结果如表 3-13 所示。

表 3-13　创始人关键性资源对控制权配置的影响

变量	FC_1			FC_2		
	（1）	（2）	（3）	（4）	（5）	（6）
FS_1	0.098*** (12.66)			0.044** (1.99)		
FS_2		0.527*** (9.71)			0.272* (1.5)	
FS_3			0.595*** (8.65)			0.255 (1.38)
FA	0.008 (1.07)	−0.011 (−1.48)	−0.016** (−2.21)	0.041 (1.45)	0.033 (1.16)	0.029 (1.03)
BS	−0.035*** (−7.57)	0.021*** (6.98)	0.02*** (6.70)	0.064*** (3.56)	0.093*** (8.16)	0.093*** (8.13)
D	0.217* (1.69)	0.228* (1.81)	0.272** (2.17)	6.642*** (14.75)	6.661*** (14.79)	6.692*** (14.89)
T	0.001 (0.09)	0.002 (0.26)	−0.007 (−1.30)	−0.124*** (−5.78)	−0.12*** (−5.56)	−0.126*** (−5.87)
S1	0.052 (0.62)	0.219*** (2.77)	0.099 (1.23)	0.287 (0.97)	0.377 (1.27)	0.296 (1.00)
N	0.028** (2.03)	0.031** (2.40)	0.021 (1.56)	−0.016 (−0.34)	−0.01 (−0.21)	−0.017 (−0.36)
CR	0.002 (0.59)	0.001 (0.26)	0.001 (0.26)	0.01 (1.03)	0.009 (0.99)	0.009 (1.00)
L	0.025 (1.56)	0.028* (1.83)	0.026* (1.78)	−0.002 (−0.05)	−0.001 (−0.02)	−0.001 (−0.04)
IS	−0.011** (−2.12)	−0.01** (−2.01)	−0.007 (−1.31)	−0.01 (−0.57)	−0.011 (−0.62)	−0.009 (−0.50)

续表

变量	FC₁			FC₂		
	（1）	（2）	（3）	（4）	（5）	（6）
dshrs	-0.082 （-1.60）	-0.201*** （-3.93）	-0.194*** （-3.82）	0.034 （0.19）	-0.024 （-0.14）	-0.023 （-0.13）
constant	0.011 （0.83）	0.008 （0.57）	0.034** （2.49）	0.051 （1.05）	0.05 （1.04）	0.062 （1.28）
行业	YES	YES	YES	YES	YES	YES
年份	YES	YES	YES	YES	YES	YES
样本数	3002	3002	3002	3002	3002	3002
Chi²	275.70	181.88	177.34	338.27	336.37	335.98
Prob>Chi²	0.000	0.000	0.000	0.000	0.000	0.000

注：***、**、*分别表示在1%、5%、10%水平上显著。

表3-13为总样本中剔除了可能受金融危机影响的2010年数据的回归结果，其中，模型（1）~模型（3）以基于创始人CEO职位保护的控制权配置为被解释变量，模型（4）~模型（6）以基于创始人董事会地位保护的控制权配置为被解释变量。模型（1）~模型（3）中创始人关键性资源对基于创始人CEO职位保护的控制权配置 FC_1 和模型（4）~模型（6）中创始人关键性资源对基于董事会地位保护的控制权配置 FC_2 大部分表现出显著的正相关关系，本章中H3.1的结论通过稳健性检验，结论再次成立。

第五节　本章小结

本章基于资源基础理论，对创始人关键性资源对民营上市公司控制权配置的影响进行了分析。首先，界定创始人关键性资源的三个维度：财务性资源、知识性资源、关系性资源；其次，对创始人关键性资源影响民营上市公司控制权配置进行理论分析，并提出研究假设；最后，以2010~2018年在A股市场首先发行股票（IPO）的民营上市公司为初始样本，运用 Logit、MLogit 和随机面板效应模型，对研究假设进行检验，研究发现：

第一，资源是权力的载体，权力虽不等同于资源但须依托资源，权力的大小取决于控制资源的程度，创始人关键性资源是影响其能否取得控制权的关键因素，创始人关键性资源越丰裕，民营上市公司控制权配置越有利于创始人控制权保护。同时，从创始人关键性资源的三个方面对上市公司控制权配置的影响程度看，创始人知识性资源对上市公司控制权配置的影响程度最大，关系性资源次之，财务性资源的影响程度最小。

第二，考虑到创始人关键性资源与控制权配置之间的正向关系很可能存在内生性问题，本章应用工具变量法，在创始人关键性资源与民营上市公司控制权配置的回归模型中以 FS_{t-1}（创始人关键性资源的滞后一期值）作为工具变量，对创始人关键性资源与民营上市公司控制权配置之间的关系进行了再次检验。结果显示，在工具变量法下，创始人关键性资源与民营上市公司控制权配置之间仍表现为显著的正相关关系，本章关于两者关系的结论是稳健的。另外，基于科创板上市公司样本对假设进行了重新检验，实证结果表明，在"同股不同权"背景下，上述研究结论依然成立，且由于科创板上市公司更多来源于科技型创新型企业，对知识性资源的依赖程度更高，因此其控制权配置受创始人知识性资源的影响也就越大。

第三，随着制度环境中市场化进程的提高，上市公司面临的制度环境、市场环境将会更加完善，非正式机制的作用随之减弱，创始人关键性资源对上市公司控制权配置的影响也会减弱。即，市场化进程越高的地区，创始人关键性资源对上市公司控制权配置的影响越小。

第四，对控制变量的进一步观察，本章发现两职合一（D）、董事会持股比例（BS）与民营上市公司的控制权配置 FC_1、FC_2 呈现显著的正相关关系；创始人年龄（FA）与民营上市公司基于创始人 CEO 地位的控制权配置 FC_2 呈现显著的负相关关系，这表明，创始人年龄、两职合一、董事会持股比例等都会影响到民营上市公司的控制权配置，需要在后续的研究中给予更多关注。

第五，为研究所得结论的稳健性，本章从如下几个方面对创始人关键性资源与上市公司控制权配置之间的关系了稳健性检验。首先，为检验创始人对 CEO 职位的控制 FC_1 和董事会控制 FC_2 两个层面均是结果的真正驱动因素，本章稳健性检验中使用控制权配置的综合指标 FCC 替代 FC_1、FC_2 两个单一指标，对民营上市公司的控制权配置进行了重新刻画，通过 Mlogit 模型进行估计，所得研究结论与前文完全一致，支持 H3.1。其次，为了规避民营企业上市后公司控制权配置可能包含的自选择效应，参考借鉴 Lennox 等（2012）、李维安等（2017）的做法，将样本根据创始人持股比例分为绝对控制样本和相对控制样本，剔除绝对控制样本后重新检验，所得结论再次验证了 H3.1。最后，为了规避因金融危机可能导致的创始人关键性资源对民营上市公司控制权配置的影响出现偏差，稳健性检验部分剔除 2010 年的研究样本，使用相同模型和方法重新估计，研究结论与前文仍然高度一致。

第四章 民营上市公司基于创始人保护的控制权配置对企业绩效的影响研究

第三章和第四章分别检验了创始人关键性资源以及区域制度环境对民营上市公司控制权配置的影响。结果发现，创始人关键性资源包括财务性资源、知识性资源和关系性资源，在民营企业动态发展过程中，伴随规模扩张、融资上市等产生的资本需求，在创始人财务性资源被不断稀释的情况下，知识性资源和关系性资源作为财务性资源的补充，同样会影响到民营上市公司控制权的配置，创始人关键性资源越丰富，民营上市公司的控制权配置越有利于创始人CEO职位的控制，越有利于创始人对董事会的控制。接下来的问题是，民营上市公司基于创始人保护的控制权配置究竟会为企业带来什么样的经济后果？对公司价值和企业绩效有什么样的影响？创始人关键性资源对上市公司控制权配置与企业长期价值增长有利吗？因此，本章将主要研究以下两个问题：一是民营上市公司基于创始人保护的控制权配置会对企业业绩、业绩稳定以及长期价值增长产生怎样的影响？二是创始人不同关键性资源特征对创始人管理的作用是否相同？

第一节　理论分析与研究假设

一、民营上市公司基于创始人保护的控制权配置对企业绩效的影响

针对创始人管理对公司成长的影响，现有文献的结论仍存在一定争议。一方面，有研究认为创始人或创始团队掌握上市公司控制权会对公司业绩产生负面影响（Daily and Dalton，1992；Busenitz et al.，2003；Anderson and Reeb，2003），原因在于，创始人本身的能力或经验已无法满足上市公司进一步发展的需求（Wasserman，2003）；创始人可能会利用自身的权力和地位侵蚀其他股东利益，容易引发"隧道行为"（Johnson et al.，2000）；创始人往往存在较高的权力欲望，不利于上市公司群体决策机制的运行，进而会阻碍企业的持续发展（Busenitz et al.，2003；夏立军等，2012；王艳波等，2019）。另一方面，一些研究认为创始人掌握上市公司控制权对公司治理和企业发展均具有正面作用（Bertrand et al.，2003；Fischer and Pollock，2004；He，2008；Fahlenbrach，2009；夏立军等，2012），原因在于，创始人通常会将公司视作自己的人生成就，从而倾向于为股东创造长期财富（Fischer and Pollock，2004；夏立军等，2012）；创始人掌握经营控制权有利于确保企业决策的连贯性和统一，避免决策突变对公司业绩产生负面影响（Fischer and Pollock，2004）；创始人基于公司内外部相关利益主体的契约关系会形成专用性资产，进而有助于企业降低交易成本，获取关键性资源（Fan et al.，2012）。

实际上，在英美等发达国家资本市场，基于创始人与投资者之间的双边依赖（Hellmann，2006）、信息不对称（Sapienza and Timmons，1989）等可能造成的控制权争夺问题大多可以通过企业控制权初始配置（鲁银梭、郝云宏，2013）、合理的制度设计（如双层股权结构）等方式加以控制，然而，由于我国当前资本市场尚不完善、法律制度环境保护较弱（Allen et al.，2007），当创始人与其他

关联方发生控制权争夺，创始人的经营控制权无法保证时，势必会造成企业业绩的大幅波动，企业价值下降（常丽、陈诗亚，2015）。有研究发现，创始人掌握企业经营控制权有利于提高企业的业绩水平（胡波、王骜然，2016；徐炜、王超，2016）。

与国有企业不同，民营企业是创始人（或创始团队）心血和智慧的结晶，作为民营企业的重要身份标签（Neson，2003），创始人在企业萌芽期、初创期、成长期到初步成熟期直至企业上市都扮演着关键角色并发挥着重要作用。一方面，在民营企业发展进程中，创始人往往同时兼具所有者、控制者和经营者的多重角色（余菁，2009），持有企业集中、长期的股权并全程参与企业的创立和发展，处于企业决策中心的位置，是企业"决策型"的代理人（Fama and Jensen，1983）。根据信号理论，管理者拥有企业较高的股权数有助于降低 IPO 抑价（Prasad et al.，2000）、减轻委托代理问题（Fama and Jensen，1983；Neson，2003），因而创始人掌握企业经营控制权有利于降低委托代理成本。另一方面，相对于投资者及职业经理人，创始人对所创办企业有着较强的心理所有权（王春艳等，2016），其会将企业视为自身能力和价值的体现，为了企业能更好地发展，通常会倾注大量的情感和精力，并且愿意将自身拥有的关系和资源投入企业。同时，由于创始人的个人声誉与新上市公司的成功与否高度相关（Fischer and Pollock，2004），因此其愿意付出更多的努力以维护声誉。鉴于此，较之非创始人，创始人掌握企业经营控制权更有利于提升企业价值（Anderson and Reeb，2003）。

同时，由于民营企业有着其自身发展的动态过程（刘斌、刘毅，2011），伴随规模扩张所引起的资本需求，必然会引起创始人股权的不断稀释，此时，"野蛮人"（投资方）作为公司治理领域最活跃的所有者（Connelly et al.，2010），当与创始人基于利益分歧（相比于创始人，投资者更关注企业的短期财务目标（Clercq and Fried，2007）），产生控制权冲突时，往往会依据"资本多数决"原则驱逐创始人及其团队。然而，物质资产并不是控制权的唯一来源，接近和使用资产、创意和人等关键资源的能力同属于控制权来源的重要范畴（Rajan，1998）。同时拥有物质资产（财务性资源）、非物质资产（知识性资源、关系性资源）的创始人一旦被迫离开，企业所依赖的资源基础将会打破，进而造成企业价值的下降，不利于企业绩效。无论是国外知名企业苹果，还是国内民营企业汽车之家、拉手网，当创始人被迫离开后，公司业绩都受到了一定程度的负面影响。常丽和陈诗亚（2015）通过对 2002~2011 年 10 年间 229 家上市公司创始人控制权发生变更的企业研究发现，有 198 家企业的价值发生了明显的变动，占比高达 86.46%。可见，创始人掌握上市公司控制权，不仅仅是个人意愿，更是企业获得长久、持续发展，保持基业长青的必然选择。据此，本章提出如下辩证性假设：

H4.1：与非创始人相比，民营上市公司基于创始人保护的控制权配置有利于企业绩效。

具体而言：

H4.1a：与非创始人相比，民营上市公司基于创始人保护的控制权配置业绩表现更好。

H4.1b：与非创始人相比，民营上市公司基于创始人保护的控制权配置业绩更稳定、业绩波动更小。

二、创始人关键性资源调节作用下控制权配置对企业绩效的影响

如前文所述，基于资源依赖理论，民营上市公司的控制权配置为资源丰裕的创始人提供了控制权保护，但该种控制权配置究竟受创始人关键性资源何种影响值得深入探究。基于此，本章分别从家族社会情感财富观和资源观两个方面识别创始人关键性资源对控制权配置作用的内在机制。

Demsetz 和 Lehn（1985）从两方面剖析了控制权配置的内在作用机制：①堑壕效应假说。该假说认为，管理者具有职位固守和获取私利的动机，为避免自身被替换的控制权保护行为会造成企业价值减损。在创始人股权被逐渐稀释后，担心上市后被替换的堑壕效应心理在民营企业上市后同样存在。部分文献为堑壕效应假说提供了理论支撑（Villalonga and Amit，2006；易阳等，2016），与此同时，也有文献得出了与之相左的结论（Palia et al.，2008；贺小刚等，2013）。②监督效应假说。基于监督效应假说的观点，大股东的监督动机会伴随其持股比例的增加而进一步增强，从而缓解股东与管理层的代理冲突。Aghion 和 Bolton（1992）以财富约束为前提假设，较早研究了控制权在投资者和企业家之间的配置和转移问题。监督效应假说的相关研究主要集中于分析风险投资对上市公司经营活动的监督和控制。与堑壕效应假说研究类似，现有文献并未形成一致的结论。例如，有研究发现，风险投资机构通过直接派驻 CEO 替代创始人，可以降低代理风险、减少不确定性并"防患于未然"（Bernstein et al.，2016）；另有研究指出风险投资的过度监控会引发创始人和风险投资的冲突，不利于企业价值的提升（Kaplan and Stromberg，2003）。

分析已有关于控制权配置的效应研究可以发现，学者们基于上述两种不同研究假说，分别探讨了不同的控制权配置对公司价值的影响。基于组织理论，本书指出民营上市公司控制权配置可能存在两种作用路径：①基于家族社会情感财富观，创始人出于股权稀释及控制权地位保护的考虑，不再将关键性资源应用于有利于企业价值增长的各类风险投资活动，进而规避风险和保护家族社会情感财富。②基于资源观，民营上市公司基于创始人保护的控制权配置为创始人提供了防护，从而使他们更积极地将关键性资源应用于各类风险投资活动，进而促进企业价值增长。这两种作用路径的分析丰富了控制权配置效应的相关研究。

首先，从家族社会情感财富观角度看，基于创始人控制权保护的控制权配置一定程度上消除了外部控制权市场的威胁，然而，对民营企业而言，由于创始人个人以及创业家族财富与企业价值存在较强的利益趋同特征，在进行风险决策时考虑到股权稀释及权威系统破坏问题通常会有意识规避风险。例如，有研究指出，无论是创始人 CEO 还是家族继任者 CEO 对企业价值都存在抑制效应（汪祥耀等，2016）。具体到本书情景中，随着决策的累积，它们可能导致完全不同的结果。在控制的极端，创始人可能会以牺牲价值为代价从而达到最大化控制的目的，即创始人可能不再将关键性资源应用于企业有价值的投资活动，即创始人关键性资源负向调节控制权配置与企业价值之间的关系。其次，从资源观角度看，一定程度的外部条件支持是企业资源有效利用的充分条件。对于创始人关键性资源而言，能否为创始人提供控制权保护是重要的外部条件之一。控制权作为短期防护的替代，基于创始人保护的控制权配置实质上为创始人提供了一种隐形激励机制，使其更加积极地将关键性资源应用于企业价值增长。因循该逻辑，创始人关键性资源将会增强上市公司控制权配置与企业绩效之间的正相关关系。据此，本章提出如下辩证性假设：

H4.2a：基于家族社会情感财富观，创始人关键性资源会削弱控制权配置与企业绩效之间的正相关关系。

H4.2b：基于资源观，创始人关键性资源会增强控制权配置与企业绩效之间的正相关关系。

第二节　实证研究设计

一、样本选择与数据来源

根据研究需要，本章选取 2010~2018 年在 A 股市场首先发行股票（IPO）的民营上市公司为初始样本。筛选和处理过程如下：①剔除缺失数据的样本观测值；②剔除曾经 ST 或 PT 的样本观测值；③剔除无创始人的样本观测值；④因金融类行业特殊的财务制度，因此剔除该行业的样本观测值。筛选和处理后，共得到由 2448 家公司、4101 条样本观测值构成的非平衡面板数据（Unbalanced Panel Data）。

相关数据主要来自上市公司招股说明书、CSMAR、WIND 数据库；相关财经网站和 Baidu 等搜索引擎。使用的统计软件为 Stata15.0。

二、变量定义与测度

1. 企业绩效

本章借鉴 Adams 等（2005）、夏立军等（2012）的做法，利用会计业绩和市场价值两个方面度量上市公司业绩（王京、罗福凯，2017）。由于本章主要考察基于创始人控制权保护的控制权配置对企业绩效的影响，因此对上市公司业绩的时间效应（短期业绩、长期业绩、业绩均值）、业绩波动效应（业绩稳定性）进行测度，具体选用净资产回报率（ROE）、企业价值（Tobin Q）两个指标。其中，

"ROE_1（$Tobin\ Q_1$）""ROE_2（$Tobin\ Q_2$）""ROE_t（$Tobin\ Q_t$）"分别为公司上市后前两年、后三年和五年内的 ROE（Tobin Q）均值，用以测度民营上市公司 IPO 后创始人掌握经营控制权的时间效应；stdROE（stdTobin Q）为 ROE（Tobin Q）的标准差，用以测度基于创始人控制权保护的控制权配置的业绩波动性。

2. 民营上市公司控制权配置

沿用第四章中对上市公司控制权配置的定义和计算方法，本章仍然从创始人对 CEO 职位的控制（FC_1）和创始人对董事会的控制（FC_2）两个层面度量民营上市公司基于创始人保护的控制权配置。在稳健性检验部分用综合指标控制权指数（FCC）作为两个单一指标的替代变量，以验证本章研究结论的稳健性。

3. 创始人关键性资源

沿用第四章中创始人关键性资源的界定和度量方法，本章仍然从财务性资源（FS_1）、知识性资源（FS_2）、关系性资源（FS_3）三个方面衡量民营上市公司创始人关键性资源情况，并进一步考察创始人关键性资源对控制权配置与企业绩效关系的调节作用。

4. 控制变量

除控制权配置外，企业绩效还受到其他因素的影响。参考相关研究，还对可能影响企业绩效的创始人层面、企业层面的相关变量进行了控制，具体包括：①创始人年龄（FA）；②董事会持股比例（BS）；③两职合一（D）；④股权集中度（T）；⑤企业规模（S1）；⑥企业历史（N）；⑦资产负债率（L）；⑧现金比率（CR）；⑨独董比例（IS）。其中各变量均为上市当年度或当年末的情况，另外对行业和年份进行了控制。变量具体定义如表 4-1 所示。

表 4-1 变量定义

变量类型	变量名称	变量代码	变量含义及测量方法
被解释变量	企业绩效	ROE	业绩指标，控制权配置当年 ROE 值
		ROE_1	短期业绩指标，控制权配置前 2 年的 ROE 均值
		ROE_2	长期业绩指标，控制权配置第 3~5 年的 ROE 均值
		ROE_t	业绩均值指标，控制权配置 5 年内的 ROE 均值

续表

变量类型	变量名称	变量代码	变量含义及测量方法
被解释变量	企业绩效	StdROE	业绩稳定性指标，控制权配置 5 年内 ROE 标准差
		Tobin Q	业绩指标，控制权配置当年 Tobin Q 均值
		Tobin Q_1	短期业绩指标，控制权配置前 2 年的 Tobin Q 均值
		Tobin Q_2	长期业绩指标，控制权配置第 3~5 年的 Tobin Q 均值
		Tobin Q_t	业绩均值指标，控制权配置 5 年内的 Tobin Q 均值
		StdTobin Q	业绩稳定性指标，控制权配置 5 年内 Tobin Q 标准差
解释变量	控制权配置	FC_1	CEO 职位层面控制。创始人担任董事长取值 1，否则取 0
		FC_2	董事会层面的控制。创始人和内部高管在董事会中拥有董事会席位的比例
调节变量	创始人关键性资源	FS_1	财务性资源
		FS_2	知识性资源
		FS_3	关系性资源
控制变量	创始人年龄	FA	上市时创始人年龄
	董事会持股	BS	董事会持股数占总股数的比值
	两职合一	D	董事长兼任总经理取值 1，否则为 0
	股权集中度	T	前 10 大股东持股比例
	企业规模	S1	当年企业总资产取对数
	企业历史	N	当年年份减去企业注册登记年份数值
	资产负债率	L	总负债与总资产的比值
	现金比率	CR	自由现金流与总资产的比值
	独董比例	IS	独立董事人数/董事会人数
	行业	Industry	行业虚拟变量
	年份	Year	年度虚拟变量

资料来源：笔者整理。

三、实证模型设计

为对 H4.1a 和 H4.1b 进行检验，设计回归模型如下：

平均业绩模型。为考察基于创始人保护的控制权配置与企业绩效之间的关系，构建如下多元线性回归分析模型：

$$\text{ROE}_{it}\ (\text{Tobin Q}_{it}) = \beta_0 + \beta_1 \times \text{FC}_{it} + \beta_2 \times \text{FA}_{it} + \beta_3 \times \text{BS}_{it} + \beta_4 \times \text{D}_{it} + \beta_5 \times \text{T}_{it} + \beta_6 \times \text{S1}_{it} +$$

$$\beta_7 \times \text{N}_{it} + \beta_8 \times \text{L}_{it} + \beta_9 \times \text{CR}_{it} + \beta_{10} \times \text{IS}_{it} + \gamma \qquad (4\text{-}1)$$

业绩波动模型。业绩波动用基于创始人保护的控制权配置五年内公司业绩指标的标准差（StdROE、StdTobin Q）来表示。为考察基于创始人保护的控制权配置与民营上市公司业绩波动之间的关系，构建如下多元线性回归分析模型：

$$\text{StdROE}_{it}\ (\text{StdTobin Q}_{it}) = \beta_0 + \beta_1 \times \text{FC}_{it} + \beta_2 \times \text{FA}_{it} + \beta_3 \times \text{BS}_{it} + \beta_4 \times \text{D}_{it} + \beta_5 \times \text{T}_{it} + \beta_6 \times$$

$$\text{S1}_{it} + \beta_7 \times \text{N}_{it} + \beta_8 \times \text{L}_{it} + \beta_9 \times \text{CR}_{it} + \beta_{10} \times \text{IS}_{it} + \gamma \qquad (4\text{-}2)$$

式（4-1）中，被解释变量企业绩效分别指企业当期业绩（ROE，Tobin Q）、短期业绩（ROE_1，Tobin Q_1）、长期业绩（ROE_2，Tobin Q_2）和业绩均值（ROE_t，Tobin Q_t），解释变量为基于创始人保护的控制权配置（FC_1，FC_2），β_0 为截距项，$\beta_1 \sim \beta_{10}$ 为解释变量及各控制变量的系数，γ 为模型残差；式（4-2）中，被解释变量公司业绩波动为上市公司五年业绩的标准差（StdROE、StdTobin Q），解释变量为基于创始人保护的控制权配置（FC_1，FC_2），β_0 为截距项，$\beta_1 \sim \beta_{10}$ 为解释变量及各控制变量的系数，γ 为模型残差。

为对假设 4.2a 和假设 4.2b 进行检验，设计回归模型如下：

$$\text{ROE}_{it}\ (\text{Tobin Q}_{it}) = \beta_0 + \beta_1 \times \text{FC}_{it} + \beta_2 \times \text{FS}_{it} + \beta_3 \times \text{FC}_{it} \times \text{FS}_{it} + \beta_4 \times \text{FA}_{it} + \beta_5 \times \text{BS}_{it} + \beta_6 \times$$

$$\text{D}_{it} + \beta_7 \times \text{T}_{it} + \beta_8 \times \text{S1}_{it} + \beta_9 \times \text{N}_{it} + \beta_{10} \times \text{L}_{it} + \beta_{11} \times \text{CR}_{it} + \beta_{12} \times \text{IS}_{it} + \gamma$$

$$(4\text{-}3)$$

式（4-3）在式（4-1）的基础上加入了创始人关键性资源（FS_1，FS_2，FS_3）与控制权配置（FC_1，FC_2）的交互项 FS×FC，用以检验创始人关键性资源对上市公司控制权配置对企业绩效影响的调节作用。

为避免多重共线性问题，本章将控制权配置 FC_1、FC_2 分别代入模型中，另外，考虑到解释变量 FC_1、FC_2 及调节变量 FS_1、FS_2、FS_3 在大量样本中缺乏时间序列上的变化，如选用固定效应分析方法可能造成重要控制变量遗漏问题。因此，借鉴逯东等（2010）、乔朋华（2015）的做法，用随机效应的广义最小二乘法进行回归，以期通过随机效应同时兼顾个体之间的共同性和异质性特征。

第三节 结果分析与讨论

一、描述性统计与相关性检验

1. 描述性统计分析

表 4-2 为主要变量的描述性统计分析结果。其中，Panel A 为民营上市公司业绩水平的总体描述性统计，由 Panel A 可知，无论是会计业绩 ROE 还是价值水平 Tobin Q，最大值和最小值之间都存在较大差距，说明样本公司之间的企业绩效水平存在较高区分度，为本章的进一步分析提供了可行性。Panel B 为民营上市公司业绩水平的分组描述性统计，基于时间序列上业绩均值、业绩波动性的测度和计量方法的考虑，我们选取在上市后具有五个会计年度的数据，因此，未考虑 2014 年 1 月 1 日后上市的公司，样本观察值为 1412 个。由 Panel B 可知，相对于创始人既不担任 CEO 职位，又不控制董事会的民营上市公司（FCC=0），创始人既担任 CEO 职位，又控制董事会的民营上市公司（FCC=2）绩效水平更高（ROE_1/Tobin Q_1、ROE_2/Tobin Q_2、ROE_t/Tobin Q_t）、业绩波动性较小（stdROE/stdTobin Q），初步验证了 H4.1a 和 H4.1b，即与非创始人相比，民营上市公司基于创始人保护的控制权配置公司业绩表现更好、业绩波动更小。也就是说，在企业上市后持股比例不断稀释的情况下，创始人继续掌握对企业的经营控制权有助于保持企业业绩持续、稳健的增长。

表 4-2 主要变量的描述性统计分析结果

Panel A：民营上市公司业绩水平的总体描述性统计								
变量	N	均值	最小值	25%分位数	中值	75%分位数	最大值	标准差
ROE	4101	0.07	-9.46	0.05	0.07	0.11	0.41	0.18
Tobin Q	4101	1.99	0.03	1.36	1.69	1.32	13.60	1.00

Panel B：民营上市公司业绩水平的分组描述性统计								
FCC		ROE$_1$	ROE$_2$	ROE$_t$	stdROE	Tobin Q$_1$	Tobin Q$_2$	Tobin Q$_t$	stdTobin Q
0	N	191	191	191	191	191	191	191	191
	极小值	−0.05	−3.30	−2.00	0.01	0.48	0.15	0.35	0.34
	极大值	0.30	0.19	0.17	3.82	7.32	8.40	6.72	3.84
	均值	0.06	0.02	0.04	0.08	1.82	2.20	2.05	1.23
	标准差	0.04	0.25	0.16	0.28	0.81	1.12	0.89	0.70
1	N	1094	1094	1094	1094	1094	1094	1094	1094
	极小值	−0.05	−0.50	−0.30	0.01	0.97	1.05	1.08	0.08
	极大值	0.30	0.29	0.27	0.61	8.05	9.29	6.23	5.90
	均值	0.08	0.06	0.07	0.05	1.89	2.31	2.14	1.08
	标准差	0.40	0.06	0.05	0.04	0.83	0.94	0.73	0.61
2	N	127	127	127	127	127	127	127	127
	极小值	−0.02	−1.04	−0.62	0.01	1.06	1.21	1.24	0.53
	极大值	0.17	0.21	0.17	0.14	8.13	5.89	4.93	4.85
	均值	0.08	0.06	0.07	0.04	2.00	2.38	2.32	0.98
	标准差	0.04	0.11	0.07	0.02	0.87	0.79	0.65	0.56
合计	N	1412	1412	1412	1412	1412	1412	1412	1412
	极小值	−0.05	−3.30	−2.00	0.01	0.48	0.15	0.35	0.05
	极大值	0.30	0.29	0.27	3.82	8.13	9.29	6.72	5.90
	均值	0.08	0.06	0.06	0.05	1.89	2.30	2.14	1.09
	标准差	0.04	0.11	0.07	0.11	0.93	0.95	0.75	0.62

2. 相关性检验

为检验各变量之间因存在多重共线性问题而影响回归结果的一致性和无偏性，本章对各主要变量进行 Pearson 相关系数检验，检验结果如表4-3中的 Panel A 和 Panel B 所示。

表 4-3　主要变量间的 Pearson 相关系数检验

Panel A：基于创始人 CEO 职位保护的控制权配置下各变量间的相关系数检验

变量	ROE	FC₁	FC₂	FA	BS	D	T	S1	N	CR	L	IS
ROE	1											
FC₁	0.083***	1										
FC₂	0.044***	0.136***	1									
FA	-0.027*	-0.125***	-0.062***	1								
BS	0.084***	0.191***	0.155***	-0.190***	1							
D	-0.002	0.060***	0.265***	-0.187***	0.083***	1						
T	0.113***	0.098***	-0.052***	-0.134***	0.252***	0.047***	1					
S1	-0.014	-0.041***	-0.021	0.142***	-0.288***	-0.129***	-0.207***	1				
N	-0.028*	0.028*	-0.005	0.195***	-0.058***	-0.022	-0.105***	0.141***	1			
CR	0.024	0.025	0.009	-0.015	0.043***	-0.022	-0.048***	-0.081***	-0.027*	1		
L	0.018	0.030*	-0.004	-0.003	-0.002	-0.021	0.019	0.033*	-0.035**	0.299***	1	
IS	-0.036**	-0.026	0.001	0.004	-0.026	-0.028*	-0.128***	0.131***	0.062***	0.030**	-0.010	1

Panel B：基于创始人董事会地位保护的控制权配置下各变量间的相关系数检验

变量	Tobin Q	FC₁	FC₂	FA	BS	D	T	S1	N	CR	L	IS
Tobin Q	1											
FC₁	0.029**	1										
FC₂	0.048***	0.136***	1									
FA	-0.001	-0.125***	-0.062***	1								

续表

Panel B：基于创始人董事会地位保护的控制权配置下各变量间的相关系数检验

变量	Tobin Q	FC_1	FC_2	FA	BS	D	T	S1	N	L	CR	IS
BS	0.004	0.191***	0.155***	-0.190***	1							
D	0.022	0.060***	0.265***	-0.187***	0.083***	1						
T	-0.099***	0.098***	-0.052***	-0.134***	0.252***	0.047***	1					
S1	-0.201***	-0.041***	-0.021	0.142***	-0.288***	-0.129***	-0.207***	1				
N	0.052***	0.028*	-0.005	0.195***	-0.058***	-0.022	-0.105***	0.141***	1			
L	0.061***	0.025	0.009	-0.015	0.043***	-0.022	-0.048***	0.033*	-0.027*	1		
CR	0.017	0.030*	-0.004	-0.003	-0.002	-0.021	0.019	-0.081***	-0.035**	0.299***	1	
IS	0.036**	-0.026	0.001	0.004	-0.026	-0.028*	-0.128***	0.131***	0.062**	0.030**	-0.010	1

注：***、**、*分别表示在1%、5%、10%水平上显著。

由表4-3的 Panel A 和 Panel B 的相关分析结果可知，首先，从相关系数的大小看，各变量之间的相关系数都没有超过0.5，可以初步认为各变量之间不存在多重共线性问题；其次，从相关系数的显著性看，表中相关分析的 P 值大多都小于0.01，拒绝变量之间不存在相关性的原假设，无法单纯从相关分析的结果判断多重共线性问题。因此，进一步计算了各变量的方差膨胀系数，结果如表4-4所示。

表 4-4　各变量方差膨胀系数表

变量	VIF	1/VIF
BS	1.22	0.819627
S1	1.17	0.853374
T	1.13	0.883858
FA	1.13	0.886433
D	1.13	0.887510
FC_2	1.12	0.889597
CR	1.11	0.898244
L	1.11	0.904637
FC_1	1.07	0.935969
N	1.07	0.937954
IS	1.04	0.965726
Mean VIF	1.12	

由表4-4可知，各变量的单独 VIF 值和所有变量的 VIF 均值都显著小于10，可以较为肯定地判定本章中各变量之间不存在多重共线性问题，可以避免模型系数估计不准或估计失真等问题。

二、上市公司控制权配置对企业绩效影响的多元回归分析

为深入研究民营上市公司基于创始人保护的控制权配置对企业绩效的影响，

本章利用设计的数量模型考察基于创始人 CEO 职位保护的控制权配置（FC_1）和基于创始人董事会地位保护的控制权配置（FC_2）对上市公司当期业绩（ROE、Tobin Q）的影响，由于创始人 CEO 职位控制（FC_1）与创始人董事会控制（FC_2）显著相关，为避免多重共线性问题，将 FC_1、FC_2 两个变量分别代入模型中，回归分析结果如表 4-5 所示。

表 4-5　基于创始人保护的控制权配置对企业绩效的影响

变量	ROE			Tobin Q		
	（1）	（2）	（3）	（4）	（5）	（6）
FC_1		0.032*** （4.03）			0.108*** （2.91）	
FC_2			0.001*** （2.86）			0.002** （2.24）
FA	0.001 （0.31）	0.000 （0.67）	0.000 （0.31）	−0.001 （−0.57）	−0.001 （−0.31）	−0.001 （−0.57）
BS	0.001 （3.39）	0.000*** （2.72）	0*** （2.88）	−0.003*** （−3.70）	−0.003*** （−4.11）	−0.003*** （−4.02）
D	−0.001 （−0.29）	−0.002 （−0.41）	−0.006 （−1.01）	0.026 （0.95）	0.023 （0.87）	0.01 （0.34）
T	0.002 （6.09）	0.002*** （5.94）	0.002*** （6.34）	−0.004*** （−3.82）	−0.005*** （−3.94）	−0.004*** （−3.59）
S1	0.009 （2.51）	0.009** （2.36）	0.009** （2.38）	−0.322*** （−18.72）	−0.324*** （−18.83）	−0.324*** （−18.81）
N	0.0001 （0.11）	0 （−0.14）	0 （0.16）	0.004 （1.52）	0.004 （1.33）	0.004 （1.55）
CR	0.000 （0.90）	0 （0.86）	0 （0.86）	0 （0.51）	0 （0.47）	0 （0.47）
L	0.000 （0.29）	0 （0.18）	0 （0.30）	−0.009*** （−3.84）	−0.009*** （−3.93）	−0.009*** （−3.84）
IS	−0.001 （−2.56）	−0.001** （−2.41）	−0.001** （−2.52）	0.003*** （2.69）	0.003*** （2.80）	0.003*** （2.73）

续表

变量	ROE			Tobin Q		
	（1）	（2）	（3）	（4）	（5）	（6）
dshrs	−0.003 (−1.19)	−0.002 (−1.04)	−0.002 (−1.09)	−0.001 (−0.07)	0 (0.03)	0 (0)
constant	−0.2208 (−2.59)	−0.238*** (−2.80)	−0.235*** (−2.76)	8.628*** (21.88)	8.569*** (21.72)	8.575*** (21.72)
行业	YES	YES	YES	YES	YES	YES
年份	YES	YES	YES	YES	YES	YES
样本数	4101	4101	4101	4101	4101	4101
Chi^2	135.58	152.35	144.04	1794.93	1807.11	1802.13
Prob>Chi^2	0.000	0.000	0.000	0.000	0.000	0.000

注：***、**、*分别表示在1%、5%、10%水平上显著。

由表4-5可知，创始人CEO职位控制（FC_1）与上市公司控制权配置当年业绩ROE、Tobin Q均在1%的置信水平上显著正相关，创始人董事会控制（FC_2）与上市公司控制权配置当年业绩ROE在1%的置信水平上显著正相关，与Tobin Q在5%的置信水平上显著正相关，结果与预期完全一致，即与非创始人相比，民营上市公司基于创始人保护的控制权配置业绩表现更好，H4.1a得到验证。此外，前10大股东持股比例（T）、企业规模（S1）均与公司会计业绩（ROE）在1%的置信水平上显著正相关，与公司价值（Tobin Q）在1%的置信水平上显著负相关，这说明民营上市公司股权越集中、规模越大，越不利于企业长期价值增长。

三、上市公司控制权配置对企业绩效影响的时间效应和业绩波动效应分析

根据James（1999）、Bertrand等（2003）的观点，创始人通常会将创建企业视为自身成功的象征，在决策时会尽量避免有损企业的短视行为，关注企业的长期价值增长，因此有助于降低企业业绩风险。为进一步考察基于创始人保护的控制权配置对民营上市公司业绩影响的时间效应以及避免该影响是源自"经营风险"的补偿，进行了进一步的回归分析，相关结果如表4-6和表4-7所示。

表 4-6　控制权配置对企业绩效影响的时间效应分析

Panel A：控制权配置对会计业绩 ROE 影响的时间效应分析

变量	ROE$_1$		ROE$_2$		ROE$_t$	
	（1）	（2）	（3）	（4）	（5）	（6）
FC$_1$	0.009***		0.034***		0.024***	
	（3.08）		（3.97）		（4.32）	
FC$_2$		0.000***		0.001**		0.000***
		（3.38）		（2.58）		（3.10）
FA	0	0	0.001	0	0	0
	（−1.00）	（−1.18）	（1.48）	（1.22）	（1.14）	（0.87）
BS	0***	0***	0**	0**	0***	0***
	（5.14）	（4.98）	（2.28）	（2.44）	（3.21）	（3.31）
D	−0.001	−0.003	−0.004	−0.007	−0.003	−0.006
	（−0.70）	（−1.48）	（−0.64）	（−1.19）	（−0.74）	（−1.41）
T	0***	0.001***	0.001**	0.001**	0.001***	0.001***
	（4.81）	（5.19）	（2.04）	（2.33）	（2.92）	（3.26）
S1	0.009***	0.009***	0.014***	0.015***	0.012***	0.013***
	（5.76）	（5.93）	（3.02）	（3.29）	（4.02）	（4.30）
N	0	0*	0	0.001	0	0.001
	（1.50）	（1.83）	（0.72）	（1.04）	（0.99）	（1.35）
CR	0	0	0	0	0	0
	（−1.56）	（−1.64）	（0.45）	（0.35）	（0.07）	（−0.03）
L	−0.001	−0.001	−0.001	−0.001	−0.001	−0.001
	（−1.30）	（−1.33）	（−0.24）	（−0.35）	（−0.50）	（−0.61）
IS	0	0	0	0	0	0
	（−0.69）	（−0.51）	（−0.51）	（−0.35）	（−0.62）	（−0.43）
dshrs	0.001	0.001	0	0	0.001	0.001
	（1.54）	（1.60）	（0）	（0.04）	（0.33）	（0.38）
constant	−0.175***	−0.185***	−0.347***	−0.372***	−0.278***	−0.297***
	（−5.01）	（−5.29）	（−3.51）	（−3.74）	（−4.31）	（−4.58）
行业	YES	YES	YES	YES	YES	YES
年份	YES	YES	YES	YES	YES	YES
样本数	1412	1412	1412	1412	1412	1412
Chi^2	130.03	132.12	81.51	71.98	104.63	97.05
Prob>Chi^2	0.000	0.000	0.000	0.000	0.000	0.000

Panel B：控制权配置对价值水平 Tobin Q 影响的时间效应分析					
变量	Tobin Q_1		Tobin Q_2		Tobin Q_t	
	（1）	（2）	（3）	（4）	（5）	（6）
FC_1	0.127**		0.213***		0.179***	
	(2.36)		(3.25)		(3.45)	
FC_2		0.002		0.003*		0.003**
		(1.54)		(1.76)		(1.98)
FA	−0.003	−0.004	0.002	0.002	0	0
	(−1.46)	(−1.61)	(0.86)	(0.65)	(0.05)	(−0.18)
BS	−0.001	−0.001	−0.006***	−0.005***	−0.004***	−0.004***
	(−1.34)	(−1.23)	(−4.96)	(−4.71)	(−4.33)	(−4.10)
D	0.024	0.011	0.024	0.006	0.024	0.008
	(0.63)	(0.27)	(0.52)	(0.12)	(0.66)	(0.20)
T	−0.001	−0.001	0.009***	0.009***	0.005***	0.005***
	(−0.54)	(−0.35)	(3.90)	(4.08)	(2.74)	(2.95)
S1	−0.259***	−0.255***	−0.502***	−0.494***	−0.405***	−0.399***
	(−9.13)	(−9.00)	(−14.57)	(−14.35)	(−14.88)	(−14.65)
N	0	0.001	0.008*	0.01*	0.005	0.006
	(0.07)	(0.26)	(1.67)	(1.91)	(1.30)	(1.56)
CR	0.004	0.004	0.015***	0.014***	0.01***	0.01***
	(1.25)	(1.19)	(4.10)	(4.01)	(3.64)	(3.54)
L	0.016	0.015	0.041**	0.039**	0.031**	0.03**
	(1.16)	(1.10)	(2.48)	(2.38)	(2.37)	(2.27)
IS	−0.002	−0.001	−0.001	−0.001	−0.001	−0.001
	(−0.46)	(−0.36)	(−0.24)	(−0.12)	(−0.38)	(−0.24)
dshrs	0.012	0.012	−0.001	0	0.004	0.005
	(0.75)	(0.77)	(−0.04)	(−0.02)	(0.28)	(0.31)
constant	6.978***	6.887***	11.427***	11.293***	9.648***	9.531***
	(11.19)	(11.01)	(15.09)	(14.85)	(16.14)	(15.86)
行业	YES	YES	YES	YES	YES	YES
年份	YES	YES	YES	YES	YES	YES
样本数	1412	1412	1412	1412	1412	1412
Chi^2	647.17	642.56	437.85	428.16	398.96	388.79
$Prob>Chi^2$	0.000	0.000	0.000	0.000	0.000	0.000

注：***、**、*分别表示在1%、5%、10%水平上显著。

　　表4-6为民营上市公司基于创始人保护的控制权配置对企业业绩影响的时间效应分析，其中 Panel A 为控制权配置对会计业绩 ROE 影响的时间效应分析，Panel B 为控制权配置对价值水平 Tobin Q 影响的时间效应分析。由表 Panel A 和 Panel B 的回归分析结果可知，民营上市公司基于创始人保护的控制权配置五年业绩均值 ROE_1 与控制权配置 FC_1、FC_2 在 1% 的置信水平上显著正相关，Tobin Q_1 与控制权配置 FC_1 在 1% 的置信水平上显著正相关、与 FC_2 在 5% 的置信水平上显著正相关；民营上市公司基于创始人保护的控制权配置前两年业绩均值 ROE_1 与控制权配置 FC_1、FC_2 在 1% 的置信水平上显著正相关，Tobin Q_1 与控制权配置 FC_1 在 5% 的置信水平上显著正相关，与 FC_2 无显著相关关系，而第 3~5 年业绩均值 ROE_2、Tobin Q_2 均与控制权配置 FC_1、FC_2 呈显著正相关关系，并且长期业绩均值的系数（$ROE_2 = 0.034$、$ROE_2 = 0.001$；Tobin $Q_2 = 0.213$、Tobin $Q_2 = 0.003$）均大于短期业绩均值的系数（$ROE_1 = 0.009$、$ROE_1 = 0.000$；Tobin $Q_1 = 0.127$、Tobin $Q_1 = 0.002$）。这说明，从时间效应上看，民营上市公司基于创始人保护的控制权配置对企业业绩正向影响的长期效应大于短期效应。

　　另外，从民营上市公司基于创始人保护的控制权配置与业绩波动（StdROA、StdROE）的回归结果看（见表4-7），作为民营上市公司业绩波动性的指标，无论是 StdROE 还是 StdTobin Q，控制权配置 FC_1、FC_2 的系数都显著为负。这说明，民营企业上市后创始人掌握企业经营控制权对公司业绩的正向影响并非出于对"经营风险"的补偿，相反，在一定程度上，创始人掌握经营控制权可以保证企业业绩的稳健增长。同时，回归结果还显示，创始人年龄与业绩波动性指标 StdROE 在 5% 的置信水平上显著负相关。这说明随着创始人年龄的增长，其所拥有的管理经验、关键性资源也会不断得到积累，这种优势在创始人进行企业相关经营决策时往往表现得更为理性、更有效率，因此更有利于抑制企业业绩波动，保持业绩稳定。

　　综上可知，H4.1a 和 H4.1b 得到验证，与非创始人相比，民营上市公司基于创始人保护的控制权配置业绩表现更好，业绩更稳定、业绩波动更小，且该影响的长期效应大于短期效应。

表4-7　控制权配置对企业绩效影响的业绩波动效应分析

变量	StdROE			StdTobin Q		
	（1）	（2）	（3）	（4）	（5）	（6）
FC_1		−0.032***			−0.076*	
		（−3.79）			（−1.70）	
FC_2			−0.001***			−0.006***
			（−2.62）			（−4.68）
FA	−0.001**	−0.001**	−0.001**	0.002	0.001	0.001
	（−2.29）	（−2.59）	（−2.35）	（0.78）	（0.64）	（0.69）
BS	0**	0	0	−0.004***	−0.004***	−0.003***
	（−2.02）	（−1.33）	（−1.46）	（−5.26）	（−4.89）	（−4.26）
D	0	0.001	0.004	−0.079**	−0.078**	−0.04
	（0.02）	（0.11）	（0.69）	（−2.52）	（−2.48）	（−1.25）
T	0	0	0	0.005***	0.005***	0.004***
	（0.09）	（0.09）	（−0.22）	（3.33）	（3.34）	（2.78）
S1	−0.008*	−0.006	−0.007	−0.32***	−0.316***	−0.315***
	（−1.76）	（−1.39）	（−1.64）	（−13.65）	（−13.43）	（−13.52）
N	0	0	0	0	0	−0.001
	（0.03）	（0.18）	（−0.13）	（−0.14）	（−0.07）	（−0.42）
CR	0	0	0	0.006**	0.006**	0.006**
	（−0.72）	（−0.82）	（−0.72）	（2.43）	（2.39）	（2.45）
L	0	0	0	0.021*	0.02*	0.019*
	（0.09）	（−0.11）	（−0.02）	（1.87）	（1.78）	（1.70）
IS	0	0	0	−0.001	−0.001	−0.001
	（−0.11）	（−0.05）	（−0.21）	（−0.32）	（−0.29）	（−0.49）
dshrs	0.002	0.002	0.002	−0.002	−0.002	−0.003
	（0.93）	（0.93）	（0.88）	（−0.16）	（−0.16）	（−0.26）
constant	0.266***	0.259***	0.283***	7.211***	7.194***	7.37***
	（2.72）	（2.66）	（2.89）	（13.95）	（13.93）	（14.33）
行业	YES	YES	YES	YES	YES	YES
年份	YES	YES	YES	YES	YES	YES
样本数	1412	1412	1412	1412	1412	1412
Chi^2	39.36	54.15	46.39	278.79	282.24	305.04
$Prob>Chi^2$	0.000	0.000	0.000	0.000	0.000	0.000

注：***、**、*分别表示在1%、5%、10%水平上显著。

四、创始人关键性资源对控制权配置与企业绩效的调节效应分析

进一步地，本章在回归方程中加入基于民营上市公司创始人保护的控制权配置与关键性资源的交互项（控制权配置×创始人关键性资源），以考察创始人关键性资源的调节作用。由于创始人关键性资源包括财务性资源、知识性资源和关系性资源三类，为考察每一种资源对控制权配置作用的调节效应，将三种资源分别进行回归分析，回归结果如表4-8所示。

表4-8　创始人关键性资源对控制权配置与企业绩效的调节效应分析

变量	ROEt							
	(1)	(2)	(3)	(4)	(5)	(6)	(7)	(8)
FCC		0.015***	0.015***	0.026***	0.014***	0.054***	0.014***	0.023***
		(3.54)	(3.53)	(4.13)	(3.27)	(4.25)	(3.27)	(3.19)
FS_1			−0.001	0.001				
			(−0.69)	(1.57)				
$FCC \times FS_1$				−0.001**				
				(−2.38)				
FS_2					0.003***	0.014***		
					(2.11)	(3.96)		
$FCC \times FS_2$						−0.011***		
						(−3.36)		
FS_3							0.002	0.008*
							(1.33)	(1.98)
$FCC \times FS_3$								−0.005
								(−1.58)
FA	0.002	0.000	0.000	0.000	0.000	0.000	0.000	0.000
	(0.81)	(0.96)	(1.03)	(1.35)	(1.16)	(1.05)	(0.93)	(1.02)
BS	0.001**	0.001**	0.001**	0.000**	0.000***	0.000***	0.000***	0.000***
	(4.00)	(3.24)	(2.58)	(2.26)	(3.52)	(3.50)	(3.32)	(3.35)
D	−0.002	−0.004	−0.003	−0.003	−0.003	−0.002	−0.003	−0.003
	(−0.63)	(−0.90)	(−0.65)	(−0.65)	(−0.88)	(−0.63)	(−0.67)	(−0.77)
T	0.001***	0.001***	0.001***	0.001***	0.001***	0.001***	0.001***	0.001***
	(2.90)	(3.13)	(2.96)	(2.85)	(3.30)	(3.30)	(2.92)	(2.93)

变量	ROEt							
	（1）	（2）	（3）	（4）	（5）	（6）	（7）	（8）
S1	0.013***	0.012***	0.012***	0.012***	0.001***	0.011***	0.011***	0.011***
	（4.44）	（4.09）	（4.07）	（3.94）	（3.18）	（3.77）	（3.82）	（3.82）
N	0.000	0.000	0.000	0.000	0.000	0.000	0.000	0.000
	（1.16）	（1.14）	（1.04）	（0.85）	（0.95）	（0.95）	（0.87）	（0.86）
CR	0.000	0.000	0.00	0.000	0.000	0.000	0.000	0.000
	（0.03）	（−0.07）	（−0.01）	（0.00）	（−0.04）	（0.00）	（0.15）	（0.10）
L	−0.001	−0.001	−0.001	−0.001	−0.001	−0.001	−0.001	−0.001
	（−0.72）	（−0.53）	（−0.54）	（−0.61）	（−0.52）	（−0.55）	（−0.50）	（−0.55）
IS	−0.001	−0.001	−0.001	−0.001	0.001	0.000	0.000	0.000
	（−0.54）	（−0.53）	（−0.64）	（−0.70）	（−0.59）	（−0.57）	（−0.62）	（−0.69）
dshrs	0.001	0.001	0.000	0.000	0.001	0.001	0.000	0.000
	（0.31）	（0.48	（0.04）	（0.21）	（0.38）	（0.46）	（0.24）	（0.30）
constant	−0.284***	−0.281***	−0.281***	−0.281***	−0.294***	−0.316***	−0.268***	−0.28***
	（−4.36）	（−4.35）	（−4.35）	（−4.35）	（−4.52）	（−4.83）	（−4.12）	（−4.28）
行业	YES	YES	YES	YES	YES	YES	YES	YES
年份	YES	YES	YES	YES	YES	YES	YES	YES
样本数	1412	1412	1412	1412	1412	1412	1412	1412
Chi^2	84.89	98.18	105.28	112.11	102.96	115.07	100.06	102.74
Prob>Chi^2	0.000	0.000	0.000	0.000	0.000	0.000	0.000	0.000

注：***、**、*分别表示在1%、5%、10%水平上显著。

如表4-8所示，本章采用层次回归法进行分析。其中，模型（1）仅考虑控制变量，模型（2）加入了控制权配置变量（FCC），模型（3）在模型（2）的基础上加入了调节变量创始人财务性资源变量（FS_1），模型（4）在模型（3）的基础上加入了控制权配置变量（FCC）与创始人财务性资源变量（FS_1）的交互项（FCC×FS_1），模型（5）在模型（2）的基础上加入了调节变量创始人知识性资源变量（FS_2），模型（6）在模型（5）的基础上加入了控制权配置变量（FCC）与创始人知识性资源变量（FS_2）的交互项（FCC×FS_2），模型（7）在模型（2）的基础上加入了调节变量创始人关系性资源变量（FS_3），模型（8）在模型（7）的基础上加入了控制权配置变量（FCC）与创始人关系性资源变量（FS_3）的交互项（$FCC \times FS_3$）。

由表 4-8 可知，控制权配置的系数在所有模型中均显著为正，这进一步验证了民营上市公司基于创始人保护的控制权配置对企业长期业绩的正向影响。在考察创始人关键性资源对控制权配置作用的影响时，我们发现，创始人财务性资源与控制权配置交互项 $FCC \times FS_1$ 的系数在 5% 的置信水平上显著为负，创始人知识性资源与控制权配置交互项 $FCC \times FS_2$ 的系数在 1% 的置信水平上显著为负，创始人关系性资源与控制权配置交互项 $FCC \times FS_3$ 的系数为负，但不显著，这说明民营上市公司基于创始人保护的控制权配置对企业绩效的正向作用随创始人关键性资源的增加而减弱，H4.2a 通过检验，即基于家族社会情感财富观，创始人关键性资源会削弱控制权配置与企业绩效之间的正相关关系。

为进一步说明创始人关键性资源对控制权配置与公司业绩之间关系的影响，本章还绘制了创始人关键性资源在控制权配置与公司业绩关系中调节作用图（由于创始人关键性资源的三个子维度指标的作用方向一致，故只列出财务性资源的作用图）。从图 4-1 可知，对于创始人拥有不同关键性资源的企业，创始人关键性资源越丰富，民营上市公司基于创始人保护的控制权配置对公司业绩的正向影响反而越弱。可能的原因在于，民营企业上市后，为继续保持对企业的控制，创始人将原本可用于为企业创造价值的精力、资源转移到本人控制权的获取和维持这一目标上，同时基于家族社会情感财富观视角，由于创始人个人以及创业家族财富与企业价值存在较强的利益趋同特征，在进行风险决策时考虑到股权稀释及权威系统破坏问题通常会有意识规避风险，进而使得企业在市场中的竞争力下降，业绩受到影响；而对于无关键性资源或关键性资源较弱的企业，创始人可能会通过更加积极努力地工作以及知识、经验的积累而提高企业决策的效率或合理设计企业股权结构的方式来保持其控制权地位。

对创始人控制权和关键性资源交互项分析的另一个重要意义在于它能更好地说明创始人掌握企业控制权是企业绩效更高、波动更小的原因而非结果。由表4-6、表4-7 可知，与非创始人相比，民营上市公司基于创始人保护的控制权配置公司业绩更高、业绩波动更小，这也可能是因为，在此类企业中创始人没有被资本驱逐、职业经理人替代的压力。如果是这种反向因果关系的话，当创始人掌

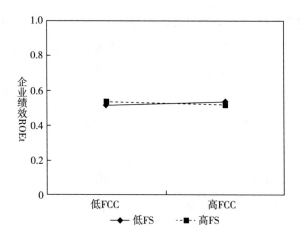

图 4-1 创始人关键性资源 FS 的调节作用

握的关键性资源增多，创始人与资本抗衡的能力将增强，其在与投资方进行控制权争夺时，博弈能力更强，此时只有业绩更好的企业才能保证创始人控制权地位不发生动摇。于是，应该看到，在创始人关键性资源丰富的企业，创始人控制企业时绩效应该更高，即两者的交互项为正（表 4-8 的结果恰恰相反）。因此，表4-8 的结果表明，表 4-6、表 4-7 更可能是因为创始人管理对企业业绩的影响，而不是反向因果关系。

第四节　稳健性检验

为确保本章分析结果的有效性和研究结论的稳健性，本节将从如下几个方面进行稳健性测试：

一、用控制权指数 FCC 度量控制权配置变量

前文中的控制权配置变量主要从 CEO 职位的控制（创始人仍然是 CEO吗？）和董事会的控制（创始人和内部高管在董事会席位中所占比例）两个层面

衡量，为了检验这两个控制层面是否都是结果的真正驱动因素，在本节中我们使用一个离散的序数"控制指数"即控制权指数进行稳健性检验。控制权指数的取值范围在0~2，当创始人既不控制 CEO 职位又不控制董事会（创始人和内部高管在董事会中拥有的席位不超过半数时，FC_2 取0），即 FC_1 和 FC_2 都为0时，控制权指数 FCC 为0；当创始人既控制 CEO 职位又控制董事会（创始人和内部高管在董事会中拥有的席位超过半数时，FC_2 取1），即 FC_1 和 FC_2 都为1时，控制权指数 FCC 为2；当创始人控制 CEO 职位和董事会两者之中的一个时，控制权指数 FCC 为1。

控制权配置指标替换后的回归结果如表4-9所示，控制权配置指数 FCC 与 ROE、Tobin Q 均在1%置信水平上显性正相关，各主要变量回归系数的符号与显著性均与前文保持高度一致，表明我们的研究结果较为稳健。

表4-9 控制权配置指标替换的稳健性检验

变量	ROE		Tobin Q	
	(1)	(2)	(3)	(4)
FCC		0.018***		0.083***
		(2.92)		(2.95)
FA	0	0	−0.001	−0.001
	(0.31)	(0.45)	(−0.57)	(−0.43)
BS	0.001***	0***	−0.003***	−0.003***
	(3.39)	(2.85)	(−3.70)	(−4.15)
D	−0.002	−0.003	0.026	0.018
	(−0.29)	(−0.57)	(0.95)	(0.66)
T	0.002***	0.002***	−0.004***	−0.004***
	(6.09)	(6.16)	(−3.82)	(−3.75)
S1	0.009**	0.009**	−0.322***	−0.324***
	(2.51)	(2.40)	(−18.72)	(−18.83)
N	0	0	0.004	0.004
	(0.11)	(0.03)	(1.52)	(1.44)
CR	0	0	0	0
	(0.90)	(0.87)	(0.51)	(0.47)
L	0	0	−0.009***	−0.009***
	(0.29)	(0.24)	(−3.84)	(−3.90)

续表

变量	ROE		Tobin Q	
	（1）	（2）	（3）	（4）
IS	-0.001 **	-0.001 **	0.003 ***	0.003 ***
	（-2.56）	（-2.46）	（2.69）	（2.79）
dshrs	-0.003	-0.002	-0.001	0.001
	（-1.19）	（-0.97）	（-0.07）	（0.14）
constant	-0.22 **	-0.233 ***	8.628 ***	8.568 ***
	（-2.59）	（-2.74）	（21.88）	（21.72）
行业	YES	YES	YES	YES
年份	YES	YES	YES	YES
样本数	4101	4101	4101	4101
Chi^2	135.58	144.41	1794.93	1807.41

注：***、**、*分别表示在1%、5%、10%水平上显著。

二、用会计业绩 ROA 度量企业绩效变量

参考夏立军等（2012）的做法，用总资产回报率（ROA）代替会计业绩指标（ROE）和公司价值指标（Tobin Q），企业绩效指标替换后的回归结果如表4-10所示。各主要变量回归系数的符号与显著性均与前文保持高度一致，表明我们的研究结果较为稳健。

表 4-10　企业绩效指标替换的稳健性检验

变量	ROA		
	（1）	（2）	（3）
FC$_1$		0.006 **	
		（2.36）	
FC$_2$			0.000 ***
			（2.95）
FA	0.000	0.000	0.000
	（-0.19）	（0.03）	（-0.19）
BS	0.000 ***	0.000 ***	0.000 ***
	（4.88）	（4.46）	（4.34）

续表

变量	ROA		
	（1）	（2）	（3）
D	−0.002 （−0.87）	−0.002 （−0.94）	−0.003 （−1.60）
T	0.001*** （11.34）	0.001*** （11.24）	0.001*** （11.58）
S1	−0.001 （−1.19）	−0.002 （−1.28）	−0.002 （−1.32）
N	0 （−0.08）	0 （−0.23）	0 （−0.04）
CR	0.000*** （3.58）	0.000*** （3.56）	0.000*** （3.55）
L	0.000** （−2.24）	0.000** （−2.31）	0.000** （−2.23）
IS	0*** （−3.53）	0*** （−3.45）	0*** （−3.49）
dshrs	0.000 （−0.13）	0.000 （−0.05）	0.000 （−0.04）
constant	0.032 （1.13）	0.028 （1.00）	0.027 （0.95）
行业	YES	YES	YES
年份	YES	YES	YES
样本数	4101	4101	4101
Chi^2	423.80	429.93	433.41
$Prob>Chi^2$	0.000	0.000	0.000

注：***、**、*分别表示在1%、5%、10%水平上显著。

三、剔除创始人控制的自选择效应检验

本章借鉴 Lennox 等（2012）的做法，对民营企业上市后公司控制权配置可能包含的自选择效应进行了稳健性检验。考虑到创始人通常在企业创建伊始就是企业的第一大股东和实际控制人，民营上市公司控制权配置可能存在自选择效应，参考李维安等（2017）的做法，将样本根据创始人持股比例分为绝对控制样

本和相对控制样本，剔除绝对控制样本后重新检验，回归分析结果如表4-11所示。剔除可能存在创始人控制自选择效应的样本后，民营上市公司基于创始人CEO职位保护的控制权配置（FC_1）与ROE、Tobin Q均在1%置信水平上显著正相关，民营上市公司基于创始人董事会地位保护的控制权配置（FC_2）与ROE在1%置信水平上显著正相关，与Tobin Q在5%置信水平上显著正相关，本章研究假设通过稳健性检验。

表4-11　考虑创始人控制自选择效应的稳健性检验

变量	ROE			Tobin Q		
	(1)	(2)	(3)	(4)	(5)	(6)
FC_1		0.032*** (3.90)			0.098*** (2.64)	
FC_2			0.001*** (2.82)			0.002* (1.79)
FA	0 (0.39)	0 (0.77)	0 (0.39)	-0.001 (-0.73)	-0.001 (-0.47)	-0.001 (-0.73)
BS	0*** (3.08)	0** (2.46)	0*** (2.61)	-0.003*** (-4.60)	-0.004*** (-4.96)	-0.004*** (-4.83)
D	-0.002 (-0.26)	-0.002 (-0.36)	-0.006 (-0.97)	0.033 (1.19)	0.031 (1.12)	0.02 (0.69)
T	0.002*** (5.88)	0.001*** (5.72)	0.002*** (6.13)	-0.005*** (-4.15)	-0.005*** (-4.27)	-0.005*** (-3.97)
S1	0.009** (2.40)	0.009** (2.24)	0.009** (2.30)	-0.334*** (-18.97)	-0.336*** (-19.08)	-0.335*** (-19.03)
N	0 (0.35)	0 (0.09)	0 (0.39)	0.006** (2.06)	0.005* (1.88)	0.006** (2.09)
CR	0 (0.87)	0 (0.83)	0 (0.83)	0 (0.52)	0 (0.49)	0 (0.50)
L	0 (0.29)	0 (0.18)	0 (0.29)	-0.009*** (-3.75)	-0.009*** (-3.83)	-0.009*** (-3.74)
IS	-0.001** (-2.38)	-0.001** (-2.24)	-0.001** (-2.36)	0.003** (2.20)	0.003** (2.30)	0.003** (2.22)
dshrs	-0.003 (-1.10)	-0.002 (-0.97)	-0.002 (-1.02)	0.001 (0.08)	0.002 (0.17)	0.001 (0.13)

变量	ROE			Tobin Q		
	（1）	（2）	（3）	（4）	（5）	（6）
constant	−0.224** (−2.50)	−0.241*** (−2.69)	−0.24*** (−2.68)	8.894*** (22.05)	8.843*** (21.92)	8.847*** (21.90)
行业	YES	YES	YES	YES	YES	YES
年份	YES	YES	YES	YES	YES	YES
样本数	4101	4101	4101	4101	4101	4101
Chi^2	109.71	116.07	119.32	410.93	412.69	411.52
Prob>Chi^2	0.000	0.000	0.000	0.000	0.000	0.000

注：***、**、*分别表示在1%、5%、10%水平上显著。

四、剔除金融危机影响的再次检验

2008年的美国金融危机，包括中国在内的各国经济都受到了一定程度的影响，考虑到2010年是自2008年全球金融危机后我国经济复苏的第一年，本章截取2011~2018年的民营上市公司为子样本，采取相同变量和回归方程进行检验假设，表4-12为回归分析结果。其中，模型（1）~模型（3）以基于创始人CEO职位保护的控制权配置为解释变量，模型（4）~模型（6）以基于创始人董事会地位保护的控制权配置为解释变量。各主要变量回归系数的符号与显著性均与前文保持高度一致，表明本章研究结果较为稳健。

表4-12　基于创始人控制权保护的控制权配置对企业绩效的影响

变量	ROE			Tobin Q		
	（1）	（2）	（3）	（4）	（5）	（6）
FC$_1$		0.043*** (3.86)			0.148*** (3.04)	
FC$_2$			0.001*** (2.82)			0.003** (2.57)

续表

变量	ROE			Tobin Q		
	（1）	（2）	（3）	（4）	（5）	（6）
FA	0.000 (0.29)	0.000 (0.37)	0.000 (0.23)	0.000 (−0.12)	0.000 (−0.06)	0.000 (−0.18)
BS	0^{***} (2.69)	0^{**} (2.28)	0^{**} (2.26)	-0.003^{***} (−3.54)	-0.003^{***} (−3.84)	-0.003^{***} (−3.88)
D	−0.004 (−0.48)	−0.005 (−0.66)	−0.009 (−1.21)	0.045 (1.43)	0.041 (1.29)	0.023 (0.70)
T	0.002^{***} (5.18)	0.002^{***} (5.29)	0.002^{***} (5.46)	-0.007^{***} (−4.57)	-0.007^{***} (−4.50)	-0.006^{***} (−4.28)
S1	0.008^{*} (1.70)	0.008 (1.60)	0.008^{*} (1.65)	-0.373^{***} (−17.98)	-0.375^{***} (−18.09)	-0.374^{***} (−18.05)
N	0.000 (0.14)	0.000 (−0.05)	0.000 (0.15)	0.007^{**} (1.99)	0.006^{*} (1.84)	0.007^{**} (2.00)
CR	0.000 (0.74)	0.000 (0.70)	0.000 (0.69)	0.000 (0.47)	0.000 (0.44)	0.000 (0.42)
L	0.000 (0.59)	0.000 (0.45)	0.000 (0.59)	-0.01^{***} (−4.17)	-0.011^{***} (−4.28)	-0.01^{***} (−4.17)
IS	-0.001^{**} (−2.21)	-0.001^{**} (−2.07)	-0.001^{**} (−2.18)	0.004^{***} (3.47)	0.004^{***} (3.58)	0.004^{***} (3.50)
dshrs	−0.004 (−1.31)	−0.003 (−1.09)	−0.004 (−1.31)	0.003 (0.23)	0.005 (0.41)	0.003 (0.24)
constant	-0.201^{*} (−1.82)	-0.235^{**} (−2.13)	-0.223^{**} (−2.02)	9.381^{***} (19.61)	9.264^{***} (19.33)	9.295^{***} (19.40)
行业	YES	YES	YES	YES	YES	YES
年份	YES	YES	YES	YES	YES	YES
样本数	4101	4101	4101	4101	4101	4101
Chi^2	55.01	57.95	61.86	310.05	310.31	315.17
$Prob>Chi^2$	0.000	0.000	0.000	0.000	0.000	0.000

注：***、**、*分别表示在1%、5%、10%水平上显著。

第五节　本章小结

本章以控制权配置理论为基础，对民营上市公司基于创始人保护的控制权配置对企业绩效的影响进行了分析。首先，理论分析民营上市公司基于创始人保护的控制权配置对企业绩效的影响，并提出研究假设；其次，以 2010~2018 年在 A 股市场首先发行股票（IPO）的民营上市公司为初始样本，运用随机面板效应模型，对研究假设进行检验，其中主要考察了民营上市公司基于创始人保护的控制权配置对公司业绩、业绩波动性的影响，以及这种影响因创始人关键性资源的不同会发生何种变化。实证检验的结论主要包括：

第一，与非创始人相比，民营上市公司基于创始人保护的控制权配置与公司业绩显著正相关、与业绩波动显著负相关，且创始人管理对公司业绩影响的长期效应大于短期效应。这说明，民营企业即使在上市后，也不能轻易解散创业团队（Bains，2007），原因在于，从资源基础观的视角来看，创始人自身的独特禀赋以及创始人所拥有的独特经营技巧和关系性资源是企业获得价值的源泉，创始人只有掌握企业经营控制权才能发挥"积极的""主动的"企业家功能。同时，通过对企业长期的专用性投资，也使得创始人与企业之间建立了一种以情感为基础的长期关系合约，从而有利于企业的持续稳定发展。

第二，创始人关键性资源在控制权配置与公司业绩之间的关系中发挥着一定的调节作用，民营上市公司基于创始人保护的控制权配置对企业业绩的正向影响随创始人关键性资源的增加而减弱。原因可能在于，一方面，基于家族社会情感财富观考虑，创始人个人以及创业家族财富与企业价值存在较强的利益趋同特征，在进行风险决策时因股权稀释及权威系统破坏问题通常会有意识规避风险，进而可能会影响公司业绩，阻碍企业竞争力的提升；另一方面，随着我国市场经济的发展，民营企业对政府部门的依赖程度不断下降，关键性资源（如社会资本）作为"第三种资源配置手段"，其作用也在逐渐削弱，同时，由于民营企业创始人与政府地位不对称，关键性资源的维持和动用往往需要以高昂的成本为代价，创始人将过多的精力及资源用于维系关键性资源这一目标上，可能会导致创始人市场竞争的主动性、积极性减弱，进而对企业绩效产生负面影响。

第三，为研究所得结论的稳健性，本章从如下几个方面对控制权配置与民营上市公司业绩之间的关系进行了稳健性检验。首先，使用控制权配置的综合指标 FCC 替代 FC_1、FC_2 两个单一指标，总资产回报率指标 ROA 代替会计业绩指标 ROE 和公司价值指标 Tobin Q，对民营上市公司基于创始人保护的控制权配置与企业绩效之间的关系进行重新刻画，所得研究结论与前文完全一致，支持 H4.1。其次，为了规避民营企业上市后公司控制权配置可能包含的自选择效应，参考借鉴 Lennox 等（2012）、李维安等（2017）的做法，将样本根据创始人持股比例分为绝对控制样本和相对控制样本，剔除绝对控制样本后重新检验，所得结论再次验证了 H4.1。最后，为了规避因金融危机可能导致的创始人关键性资源对上市公司控制权配置的影响出现偏差，稳健性检验部分剔除 2010 年的研究样本，使用相同模型和方法重新估计，研究结论与前文仍然高度一致。

第五章　民营上市公司控制权配置在创始人关键性资源与企业绩效关系间的中介效应分析

第一节　创始人关键性资源影响企业绩效的理论分析

一、创始人财务性资源对企业绩效的影响

目前，我国资本市场仍然以"同股同权"运行规则为主导，基于产权制度安排，在上市公司控制权配置过程中，各行为主体对财务性资源的占有主要表现为上市公司持股比例。以往文献分别从利益协同效应和堑壕效应视角分别验证了管理层持股对企业绩效的影响，基于利益协同效应的观点，大股东或者管理层持股可以使其与公司其他股东利益趋于一致，他们在实现自身利益最大化的过程中股东利益亦会得到保障，进而促进企业价值提升。然而，公司治理机制的约束作用在大股东或者管理层持股比例增加到一定程度时逐渐减弱，进而产生有损其他股东利益及公司价值的堑壕行为，即堑壕效应。Wang 和 Wilmshurst（2010）研究发现，随着持股比例的不断增加，管理层对企业的影响将逐渐从利益协同效应过渡到堑壕效应，对企业绩效的影响也逐渐由积极变为消极。

创始人持股作为一个易于观察的显性特征，是民营企业普遍存在的现象，并对企业绩效产生重要影响（Li and Srinivasan，2011）。根据资源基础理论的观点，不可替代、难以模仿的异质性资源是企业竞争力的主要源泉，代表决策权的创始人财务性资源作为企业获取外部异质性资源的重要手段，能够为企业带来不可替代、难以模仿的股东资源，而企业通过股权获取的异质性资源经过时间、行为和特定情境的锤炼，对企业绩效有正向影响（李艳妮，2019）。He（2008）指出，自企业创立之初创始人就一直管理企业并持有股份，创始人持股是创业企业的显性特征，创始人持股有利于保证其决策地位并扩展企业边界，进一步提升企业绩效。Filatotchev 等（2006）指出，作为一种积极信号，创始人持股可以向外部投资者传递有关企业的诸多利好信息，缓解信息不对称等弊端。Adams 等（2009）基于委托代理理论，指出创始人持股可以使其与公司其他股东利益趋于一致，减少委托代理问题进而形成利益协同效应，有利于企业长期绩效增长。

本书认为，与外部大股东和一般的管理层不同，作为企业缔造者，创始人往往会将自己视为企业的主人，并将企业视为其人生奋斗的目标，因此在企业战略决策时尽力避免对企业发展不利的短视行为，而更多为企业的长久、持续发展考虑（Anderson and Reeb，2003），创始人与企业的利益协同效应促进企业价值创造能力增加，有利于提升企业绩效（阮素梅等，2014）；同时由前文的雷士照明、万科等案例可知，作为避免控制权旁落的重要手段之一，创始人持股有利于保证企业战略的连续性和管理决策的统一，有利于企业绩效增长。

本章提出如下假设：

H5.1a：创始人财务性资源对民营上市公司绩效具有正向影响。

二、创始人知识性资源对企业绩效的影响

1996 年，OECD 在其报告中指出，随着社会经济的发展，知识和技术逐渐发展为生产力提升的主要驱动力。管理学大师彼得·德鲁克（1998）进一步指出，知识已成为企业竞争优势的重要来源。

继资源基础理论之后，Grant（1996）提出了知识基础观的概念（Knowledge-Based View，KBV）。Grant 指出，作为一种重要的生产性资源，知识有助于提升企

业价值且具有战略意义，当企业所面临的市场环境不断变化时，通过企业已有知识性资源获取外部知识是提升企业竞争力的重要手段。目前，越来越多的学者在知识是企业价值创造、竞争优势获取的重要来源方面达成共识（Kogut and Zander，1992；Grant，1996；Barney and Arikan，2001；Felin and Hesterly，2007）。Lubit（2001）将知识细分为隐性知识和显性知识，并指出相较于显性知识，隐性知识更稀缺、更难于模仿，因此更符合知识基础观的隐喻性属性，是企业构建竞争优势的关键。Wiklund 和 Shepherd（2003）指出，知识性资源有利于企业绩效提升，对企业有促进作用。王春艳等（2016）指出，知识性资源的逻辑基础为创始人专门性的人力资本投资，基于对知识、信息的占有所形成的通用性知识和专业性知识两类，强调知识、信息等专用性资产的作用。裴益政和徐莎（2016）在研究创始家族对上市公司价值影响时指出，与其他性质的控制人相比，创始人经历了创业过程并伴随企业成长，掌握了有关企业经营管理与决策的知识经验，有利于企业价值增长。李四海和陈旋（2014）研究发现，从受教育的专业角度看，企业家的专业技术背景有利于提升企业未来绩效。杨浩等（2015）基于人力资源理论和高层梯队理论，通过对创业企业背景特征和高管背景特征的分析，指出高管团队教育背景对公司业绩的提升有促进作用。郭韬等（2018）基于科技创业企业样本数据构建了企业家背景特征、企业创新投入与企业绩效的理论分析模型并进行实证检验，研究发现，具有较强专业背景和学术资本的企业家创新认知能力更强，且更容易发现不确定性环境中的创新机会，有利于科技创业企业的创新投入并促进企业绩效提升。余玉苗等（2019）基于创业理论和资源依赖理论对创始人专业背景、企业核心价值观和企业创新绩效之间的关系进行了分析，研究发现，具有较强专业背景的创始人倾向于通过塑造、推崇具有创新精神的企业核心价值观的方式影响企业创新决策，进一步促进企业绩效提升。范莉莉和魏雅雯（2019）在对董事长教育经历、研发投入与企业创新绩效的关系进行验证时发现，董事长的教育经历对其自身能力素质的提升有促进作用，高学历和技术型专业董事长与企业创新绩效之间呈显著正相关关系。

综上所述，本书认为，从知识性资源角度来看，学历在一定程度上能够反映企业家的个人能力，创始人大多接受过较高的学历教育，并在创业过程中积累了丰富的企业管理、决策经营方面的经验，因此其想象力更丰富、洞察力更敏锐，更有利于作出提升企业绩效的行为。

本章提出如下假设：

H5.1b：创始人知识性资源对民营上市公司绩效具有正向影响。

三、创始人关系性资源对企业绩效的影响

创始人关系性资源以创始人对社会资本的控制、关系网络的数量以及各关系方权力分享与相互依赖的程度为逻辑基础。关系性资源对民营上市公司绩效的作用不言而喻。窦军生（2008）指出，在"新经济"（New Economy）时代，相较于物质资本，知识资本和社会资本（或关系性资源）在企业价值创造中的作用日益凸显，企业能否取得战略成功很大程度上取决于其拥有和保持的知识性资源、关系性资源的数量。Peng 和 Luo（2000）的研究指出，从某种程度上讲，社会关系网络实质上是社会资本的一种表现形式，企业家社会资本往往被认为是蕴藏于企业家社会关系网络中的、可以被企业家调用的各种资源。一般而言，企业家的社会关系网络规模越大，其可调用的社会资源就会越丰富，企业经营绩效也就越高。Park 和 Luo（2001）通过探讨"关系"这一中国重要文化和社会因素的作用，指出"关系"已渗透到社会生活的方方面面，企业家已经将"关系"发展为一种战略行为，通过与竞争对手和政府部门的合作与利益交换克服竞争和资源优势并促进企业成长。Allen 等（2005）的研究指出，基于创始人的权威、声誉和关系等的非正式制度能够在一定程度上缓解诸如产权保护、契约执行等正式制度的缺陷，有利于企业绩效的提升。Tolstoy 和 Agndal（2010）指出，创始人社会关系网络内嵌于企业商业网络之中，企业通过创始人社会关系网络获取外部资源。Huang（2011）的研究进一步指出，创始人社会关系网络有利于企业创新和绩效提升。王丽娜等（2015）将创始人社会资本细分为黏合型、桥接型、连接型三种类型，研究发现尽管三种类型社会资本作用路径不同，但均对企业绩效提升有促进作用。李巍等（2018）基于高校及工业园区的一手调研资料对企业家社会资本与企业绩效之间的关系进行分析，研究发现企业家商业社会资本有助于企业财务绩效提升，而创始人政治社会资本不仅对企业财务绩效有促进作用，对市

场绩效也有一定的驱动作用。

综合以上研究，本书认为，从关系性资源角度看，基于资源依赖理论，创始人拥有的关系性资源可以为企业提供更多的资源和要素，降低企业经营的不确定性，从而提升企业绩效。

本章提出如下假设：

H5.1c：创始人关系性资源对民营上市公司绩效具有正向影响。

第二节　控制权配置中介作用的理论分析

一、中介效应及其检验

中介论的概念最早由英果尔德（C. K. Ingold）提出，Ingold 将分子间的化学电子转移效应称为中介效应（艾丰，2000）。作为两个变量之间的连接纽带，中介变量能够反映自变量对因变量影响的过程和内部作用机制（MacKinnon and Fairchild, 2009），近年来，中介效应分析被广泛应用于心理学和其他社科研究领域。创始人关键性资源可能通过影响上市公司控制权配置，进而影响到企业绩效，可见民营上市公司控制权配置作为中介变量是不可或缺、非常重要的。但是中介变量需要满足一定的前提条件，要求自变量通过中介变量影响因变量，即创始人关键性资源（自变量）显著影响上市公司绩效（因变量），同时创始人关键性资源（自变量）显著影响上市公司控制权配置（中介变量），如果前提条件不成立，则中介效应检验结果很难解释。本章借鉴 MacKinnon 和 Fairchild（2009）、温忠麟和叶宝娟（2014）的做法，将民营上市公司基于创始人董事会地位保护的控制权配置作为中介变量对创始人关键性资源对企业绩效的中介效应进行检验，如图 5-1 所示。

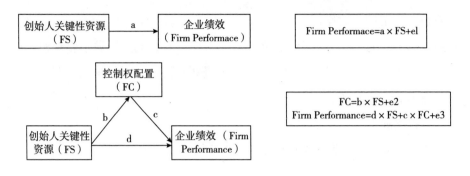

图5-1 中介效应作用路径

中介效应的实现路径如图 5-1 所示，首先，创始人关键性资源（FS）与民营上市公司绩效（Firm Performance）进行回归，回归分析结果通过检验。其次，创始人关键性资源（FS）与民营上市公司控制权配置（FC）进行回归，回归分析结果通过检验。再次，民营上市公司控制权配置（FC）与民营上市公司绩效进行回归，回归分析结果通过检验。最后，民营上市公司绩效同时对创始人关键性资源（FS）和上市公司控制权配置（FC）进行回归，当作为中介变量的上市公司控制权配置（FC）达到显著性水平，如创始人关键性资源（FS）的回归系数变小且显著，则表明民营上市公司控制权配置具有部分中介作用；如创始人关键性资源（FS）的回归系数变小且不显著，则表明民营上市公司控制权配置具有中介作用。由于创始人关键性资源（FS）对民营上市公司控制权配置（FC）的影响以及上市公司控制权配置（FC）对民营上市公司绩效的影响已经在前文中进行了实证检验，故本章着重探讨创始人关键性资源（FS）对民营上市公司绩效的影响以及上市公司控制权配置（FC）的中介效应检验。

二、控制权配置的中介作用

从资源基础理论的相关文献综述可以发现，创始人关键性资源作为一种无形资本，能够为企业带来持续的竞争优势。但是，民营上市公司创始人关键性资源、控制权配置与企业绩效之间的关系并不是独立存在的，资源本身无法直接产生绩效（Foss et al.，2013），资源基础理论的分析框架更多关注的是资源属性，忽视了资源转化成企业竞争优势的过程（Priem and Butler，2001；Sirmon et al.，2011）。企业的发展离不开资源，考虑到民营上市公司创始人能够为企业带来各类关键性资源，为了更加全面理解创始人关键性资源、上市公司控制权配置对民营企业绩效的作用，本书将其视为一个有机的整体，综合探索创始人不同关键性资源在民营上市公司中发挥作用的机制、路径以及创始人关键性资源和上市公司控制权配置之间的关系及对企业绩效的影响。

结合资源基础理论、控制权配置等领域现有研究成果，以及近年来对于影响民营上市公司绩效的相关研究，本书认为，在民营上市公司创始人这个特殊的群体中，创始人关键性资源对上市公司控制权配置的影响、创始人关键性资源对企业绩效的影响、基于创始人保护的控制权配置对企业绩效以及创始人关键性资源与控制权配置对企业绩效的作用并非相互独立，而是紧密联系并相互作用，共同形成了一个创始人关键性资源这种特殊资源通过与上市公司控制权配置共同发挥作用而影响民营上市公司绩效的完整链条。因此，本书提出贯穿三者的"资源—结构—绩效"理论模型，进而深化对创始人关键性资源、民营上市公司基于创始人保护的控制权配置为什么以及如何影响民营企业绩效的理解和认识。

首先，作为企业生存和发展的基石，异质性资源是企业竞争力差异的根本原因已得到学界的广泛认可（Wernerfelt，1984）。由于资源与资源所有者本身不可分割（周其仁，1996），因此资源所有者拥有干预公司资源使用的动机和能力（Zahra et al.，2009），民营上市公司创始人作为资源拥有者，以其所拥有的关键性资源的高低程度以及上市公司对该资源的依赖程度从而相应获得不同的话语权，进而影响上市公司控制权配置与公司未来的价值创造进程。具体而言，只有创始人掌握上市公司控制权，参与到企业经营与决策过程中，其拥有的关键性资源才能够为公司所用，因此，创始人关键性资源对民营上市公司具有重要的意义。其次，根据资源依赖理论，"组织—资源"的依赖关系不仅存在于组织之间，在组织内部同样存在且对组织的权力分配产生影响，进而影响组织行为与绩效（Pfeffer and Salancik，1978）。具体而言，民营上市公司的控制权配置既会受到创始人关键性资源的影响，同时也决定了关键性资源在民营上市公司发展过程中发挥作用的程度。一方面，由于控制权配置影响企业价值，且创始人关键性资源对企业发展起到重要的推动作用，因此创始人关键性资源会影响甚至决定民营上市公司的控制权配置情况，民营上市公司基于创始人保护的控制权配置可以被视为创始人关键性资源导致企业资源配置的结果；另一方面，创始人关键性资源需要创始人在上市公司中的话语权、对企业经营决策的影响力发挥作用，民营上市公司控制权配置恰恰反映了不同参与主体对公司控制力的大小，因此，控制权配置反过来也会影响创始人关键性资源对企业起到贡献的程度。

综上所述，创始人关键性资源影响民营上市公司的控制权配置，是上市公司控制权配置的重要前因变量；同时，由于创始人关键性资源对企业经营的作用只有在创始人掌握一定的公司控制权时才能发挥出来，因此通过控制权配置反映的对公司业绩的影响力是创始人关键性资源对企业绩效影响的重要渠道和机制。基于此，本章提出关于控制权配置中介作用的相关假设：

H5.2：民营上市公司基于创始人保护的控制权配置在创始人关键性资源与企业绩效关系中起到中介作用。

具体而言：

H5.2a：民营上市公司基于创始人保护的控制权配置在创始人财务性资源与企业绩效关系中起到中介作用。

H5.2b：民营上市公司基于创始人保护的控制权配置在创始人知识性资源与企业绩效关系中起到中介作用。

H5.2c：民营上市公司基于创始人保护的控制权配置在创始人关系性资源与企业绩效关系中起到中介作用。

第三节 实证研究设计

一、研究样本及数据来源

本书研究样本同样选择 2010~2018 年在 A 股市场首先发行股票（IPO）的民

营上市公司,筛选方式如前文,筛选处理后共得到由 2448 家公司、4101 条样本观测值构成的非平衡面板数据(Unbalanced Panel Data)。

二、变量定义及测度

变量定义及测度内容如表 5-1 所示。

表 5-1　变量定义及测度内容

变量类型	变量名称	变量代码	变量含义及测量方法
被解释变量	控制权配置	ROE	业绩指标,控制权配置当年 ROE 值
		Tobin Q	业绩指标,控制权配置当年 Tobin Q 均值
解释变量	创始人关键性资源	FS_1	创始人财务性资源
		FS_2	创始人知识性资源
		FS_3	创始人关系性资源
中介变量	控制权配置	FC_2	董事会层面的控制。创始人和内部高管在董事会中拥有董事会席位的比例
控制变量	创始人年龄	FA	上市时创始人年龄
	董事会持股	BS	董事会持股数占总股数的比值
	两职合一	D	董事长兼任总经理取值1,否则为0
	股权集中度	T	前 10 大股东持股比例
	企业规模	S1	当年企业总资产取对数
	企业历史	N	当年年份减去企业注册登记年份数值
	资产负债率	L	总负债与总资产的比值
	现金比率	CR	自由现金流与总资产的比值
	独董比例	IS	独立董事人数/董事会人数
	行业	Industry	行业虚拟变量
	年份	Year	年度虚拟变量

资料来源:笔者整理。

三、实证模型设计

为验证创始人关键性资源对民营上市公司绩效的影响,构建模型如下:

$$Firm\ Performance_{it} = \beta_0 + \beta_1 \times FS_{it} + \beta_2 \times FA_{it} + \beta_3 \times BS_{it} + \beta_4 \times D_{it} + \beta_5 \times T_{it} + \beta_6 \times S1_{it} + \beta_7 \times N_{it} + \beta_8 \times L_{it} + \beta_9 \times CR_{it} + \beta_{10} \times IS_{it} + \gamma \tag{5-1}$$

其中，民营上市公司业绩分别由会计业绩指标 ROE 和公司价值指标 Tobin Q 表示，创始人关键性资源 FS 分别由创始人财务性资源 FS_1、创始人知识性资源 FS_2、创始人关系性资源 FS_3 组成。

借鉴 Judd 和 Kenny（1981）、温忠麟和侯杰泰等（2005）的经典方法，本章设定如下模型验证控制权配置的中介作用，模型构建如下：

$$Firm\ Performance_{it} = \beta_0 + \beta_1 \times FS_{it} + \beta_2 \times FC_{it} + \beta_3 \times FA_{it} + \beta_4 \times BS_{it} + \beta_5 \times D_{it} + \beta_6 \times T_{it} + \beta_7 \times S1_{it} + \beta_8 \times N_{it} + \beta_9 \times L_{it} + \beta_{10} \times CR_{it} + \beta_{11} \times IS_{it} + \gamma \tag{5-2}$$

其中，民营上市公司业绩分别由会计业绩指标 ROE 和公司价值指标 Tobin Q 表示，为了分析民营上市公司控制权配置对创始人不同关键性资源的中介作用，本书分别将创始人财务性资源 FS_1、创始人知识性资源 FS_2、创始人关系性资源 FS_3 代入模型进行分析。

第四节 结果分析与讨论

一、变量的相关性分析

各主变量之间的 Pearson 相关分析结果如表 5-2 所示，由表 5-2 的相关系数可知，民营上市公司基于创始人董事会地位保护的控制权配置与企业绩效（ROE 和 Tobin Q）在 1%水平上显著正相关；创始人财务性资源、创始人知识性资源、创始人关系性资源与企业绩效（ROE 和 Tobin Q）显著正相关；同时，其他相关控制变量间的相关系数也基本上未超过 0.7，可以初步认为各变量之间不存在多重共线性问题。

表 5-2　相关性分析

变量	ROE	Tobin Q	FS₁	FS₂	FS₃	FC₂	FA	BS	D	T	S1	N	L	CR	IS
ROE	1														
Tobin Q	0.048***	1													
FS₁	0.083***	0.038**	1												
FS₂	0.020*	0.068***	-0.079***	1											
FS₃	0.022*	0.053***	-0.073***	0.161***	1										
FC₂	0.044***	0.048***	0.167***	0.040**	-0.007	1									
FA	-0.027*	-0.001	-0.236***	0.005	0.172***	-0.062***	1								
BS	0.084	0.004	0.799***	-0.127***	-0.128***	0.155	-0.190***	1							
D	-0.002	0.022	0.131***	0.051***	-0.041***	0.265***	-0.187***	0.083***	1						
T	0.113***	-0.099***	0.209***	-0.145***	0.008	-0.052***	-0.134***	0.252***	0.047***	1					
S1	-0.014	0.201***	-0.196***	-0.003	0.146***	-0.021	0.142***	-0.288***	-0.129***	-0.207***	1				
N	-0.027*	0.052***	-0.002	0.008	0.085***	-0.005	0.195***	-0.057***	-0.022	-0.105***	0.141***	1			
L	0.018	0.017	-0.001	-0.009	0.006	-0.004	0.003	-0.001	-0.021	0.019	0.033*	-0.035*	1		
CR	0.024	0.061***	0.023	-0.003	-0.013	0.009	-0.015	0.043***	-0.023	0.048***	-0.081***	-0.027*	0.299***	1	
IS	-0.036*	0.036*	0.007	0.005	-0.061***	0.001	0.004	-0.026*	-0.028*	-0.128***	0.131***	0.062***	0.030*	-0.010	1

注：***、**、*分别表示在1%、5%、10%水平上显著。

二、创始人关键性资源对企业绩效的影响分析

为验证创始人关键性资源对民营上市公司绩效的影响，本书利用面板数据对公式（5-1）进行回归分析，回归分析结果如表 5-3 所示。

表 5-3　创始人关键性资源对企业绩效的影响

变量	ROE			Tobin Q		
	(1)	(2)	(3)	(4)	(5)	(6)
FS_1	0.0005*			0.0057***		
	(1.66)			(4.15)		
FS_2		0.0059**			0.0398***	
		(2.52)			(3.76)	
FS_3			0.0041*			0.0878***
			(1.69)			(8.26)
FA	0.0002	0.0001	0	0	−0.001	−0.0027
	(0.55)	(0.32)	(0.11)	(0.02)	(−0.57)	(−1.58)
BS	0.0002	0.0005***	0.0005***	−0.0061***	−0.0023***	−0.0022***
	(0.80)	(3.62)	(3.47)	(−5.56)	(−3.26)	(−3.15)
D	−0.0026	−0.0027	−0.0018	0.0165	0.0196	0.0246
	(−0.44)	(−0.46)	(−0.31)	(0.61)	(0.73)	(0.92)
T	0.0015***	0.0016***	0.0015***	−0.0046***	−0.0039***	−0.0049***
	(6.08)	(6.37)	(6.02)	(−3.88)	(−3.32)	(−4.19)
S1	0.0087**	0.0096**	0.0085**	−0.3285***	−0.3197***	−0.338***
	(2.32)	(2.58)	(2.27)	(−19.04)	(−18.58)	(−19.67)
N	0	0.0001	0	0.0033	0.004	0.0023
	(0.01)	(0.09)	(0.00)	(1.20)	(1.44)	(0.84)
CR	0.0001	0.0001	0.0001	0.0004	0.0003	0.0003
	(0.93)	(0.88)	(0.90)	(0.58)	(0.47)	(0.52)
L	0.0001	0.0002	0.0002	−0.0093***	−0.0092***	−0.0092***
	(0.28)	(0.30)	(0.29)	(−3.87)	(−3.83)	(−3.85)
IS	−0.0006**	−0.0006**	−0.0006**	0.0031***	0.0032***	0.0037***
	(−2.57)	(−2.52)	(−2.45)	(2.68)	(2.77)	(3.20)
dshrs	−0.0021	−0.0026	−0.0029	0.0045	−0.001	−0.0084
	(−0.95)	(−1.18)	(−1.31)	(0.44)	(−0.10)	(−0.83)

续表

变量	ROE			Tobin Q		
	(1)	(2)	(3)	(4)	(5)	(6)
constant	−0. 214 ** (−2. 52)	−0. 2556 *** (−2. 96)	−0. 2059 ** (−2. 41)	8. 6847 *** (22. 04)	8. 377 *** (20. 95)	8. 9149 *** (22. 69)
行业	YES	YES	YES	YES	YES	YES
年份	YES	YES	YES	YES	YES	YES
样本数	4101	4101	4101	4101	4101	4101
Chi^2	138. 70	142. 38	138. 67	1819. 41	1815. 04	1892. 85
Prob>Chi^2	0. 000	0. 000	0. 000	0. 000	0. 000	0. 000

注：*** 、** 、* 分别表示在1%、5%、10%水平上显著。

由表5-3模型（1）中可以看出，创始人财务性资源（FS_1）对民营上市公司会计业绩（ROE）具有显著正向影响（$p<0.1$），模型（4）中创始人财务性资源（FS_1）对民营上市公司价值指标（Tobin Q）具有显著正向影响（$p<0.01$），证明了H5.1a，即创始人财务性资源对民营上市公司绩效具有显著正向影响；模型（2）中创始人知识性资源（FS_2）对民营上市公司会计业绩（ROE）具有显著正向影响（$p<0.05$），模型（5）中创始人知识性资源（FS_2）对民营上市公司价值指标（Tobin Q）具有显著正向影响（$p<0.01$），证明了H5.1b，即创始人知识性资源对民营上市公司绩效具有显著正向影响；模型（3）中创始人关系性资源（FS_3）对民营上市公司会计业绩（ROE）具有显著正向影响（$p<0.1$），模型（6）中创始人关系性资源（FS_3）对民营上市公司价值指标（Tobin Q）具有显著正向影响（$p<0.01$），证明了H5.1c，即创始人关系性资源对民营上市公司绩效具有显著正向影响。这说明创始人稀缺、不可替代的异质性资源是企业生存与发展的基石，民营上市公司创始人关键性资源越丰裕，越有利于企业绩效的提升。

三、控制权配置的中介效应分析

Wernerfelt（1984）指出，企业的成长源于其拥有的稀缺、不可替代的异质性资源的多少以及资源配置的方式，不同的资源配置方式决定了企业的竞争能力。民营上市公司对资源的配置能力决定了异质性资源效用的发挥，民营上市公司的控制权配置受创始人异质性关键性资源的影响，创始人关键资源有可能会通过上市公司控制权配置对企业绩效产生影响。因此，本章以控制权配置为中介变量对创始人关键性资源影响民营上市公司绩效的中介效应路径进行分析。

为验证民营上市公司控制权配置对创始人关键性资源与企业绩效影响的中介作用，利用公式（5-2）进行分析。第四章的分析结果表明，上市公司控制权配置对创始人关键性资源的三个变量回归系数都达到了显著性水平，第五章的分析结果表明，民营上市公司绩效对控制权配置的回归系数达到了显著性水平，本章对创始人关键性资源与企业绩效的回归分析结果也表明，企业绩效对创始人关键性资源的三个变量达到了显著性水平，因此，把上市公司控制权配置作为中介变量符合中介检验的判定条件。

表5-4为上市公司控制权配置对创始人关键性资源与企业绩效影响的中介作用回归分析结果，其中模型（1）、模型（3）和模型（5）分别为创始人财务性资源、知识性资源和关系性资源对上市公司绩效影响的回归方程，模型（2）、模型（4）和模型（6）为在此基础上加入中介变量后的回归方程。由前文的分析可知上市公司控制权配置均能在一定程度上对创始人关键性资源的三个变量发挥中介效应，表5-4列示了控制权配置对创始人关键性资源的三个变量中介效应的影响差别。

表 5-4　控制权配置的中介作用（Tobin Q）

变量	Tobin Q					
	（1）	（2）	（3）	（4）	（5）	（6）
FS_1	0.0057*** (4.15)	0.0055*** (4.06)				
FS_2			0.0398*** (3.76)	0.0389*** (3.68)		
FS_3					0.0878*** (8.26)	0.0872*** (8.21)
FC_2		0.0023** (2.07)		0.0023** (2.09)		0.0022** (2.04)

续表

变量	Tobin Q					
	(1)	(2)	(3)	(4)	(5)	(6)
FA	0 (0.02)	0 (0.02)	−0.001 (−0.57)	−0.001 (−0.56)	−0.0027 (−1.58)	−0.0027 (−1.57)
BS	−0.0061*** (−5.56)	−0.0063*** (−5.69)	−0.0023*** (−3.26)	−0.0025*** (−3.55)	−0.0022*** (−3.15)	−0.0024*** (−3.42)
D	0.0165 (0.61)	0.0017 (0.06)	0.0196 (0.73)	0.0046 (0.17)	0.0246 (0.92)	0.01 (0.36)
T	−0.0046*** (−3.88)	−0.0043*** (−3.67)	−0.0039*** (−3.32)	−0.0037*** (−3.13)	−0.0049*** (−4.19)	−0.0047*** (−3.99)
S1	−0.3285*** (−19.04)	−0.3298*** (−19.12)	−0.3197*** (−18.58)	−0.3212*** (−18.66)	−0.338*** (−19.67)	−0.3392*** (−19.74)
N	0.0033 (1.20)	0.0035 (1.24)	0.004 (1.44)	0.0041 (1.48)	0.0023 (0.84)	0.0025 (0.88)
CR	0.0004 (0.58)	0.0004 (0.55)	0.0003 (0.47)	0.0003 (0.44)	0.0003 (0.52)	0.0003 (0.49)
L	−0.0093*** (−3.87)	−0.0093*** (−3.87)	−0.0092*** (−3.83)	−0.0092*** (−3.82)	−0.0092*** (−3.85)	−0.0092*** (−3.85)
IS	0.0031*** (2.68)	0.0031*** (2.71)	0.0032*** (2.77)	0.0032*** (2.79)	0.0037*** (3.20)	0.0037*** (3.23)
dshrs	0.0045 (0.44)	0.0051 (0.50)	−0.001 (−0.10)	−0.0003 (−0.03)	−0.0084 (−0.83)	−0.0075 (−0.75)
constant	8.6847*** (22.04)	0.011*** (3.58)	8.377*** (20.95)	0.0099*** (3.23)	8.9149*** (22.69)	0.014*** (4.56)
行业	YES	YES	YES	YES	YES	YES
年份	YES	YES	YES	YES	YES	YES
样本数	4101	4101	4101	4101	4101	4101
Chi^2	1819.41	1825.77	1815.04	1821.55	1892.85	1899.12
Prob>Chi^2	0.000	0.000	0.000	0.000	0.000	0.000

注：＊＊＊、＊＊、＊分别表示在1%、5%、10%水平上显著。

对解释变量创始人财务性资源而言，未加入中介变量前的回归系数为
0.0057（p<0.01），加入中介变量后，回归系数为0.0055（p<0.01），解释变量
的回归系数变小，表明民营上市公司基于创始人董事会地位保护的控制权配置是

创始人财务性资源与企业绩效的中介变量，H5.2a 得到验证；对解释变量创始人知识性资源而言，未加入中介变量前的回归系数为 0.0398（p<0.01），加入中介变量后，回归系数为 0.0389（p<0.01），解释变量的回归系数变小，表明民营上市公司基于创始人董事会地位保护的控制权配置是创始人知识性资源与企业绩效的中介变量，H5.2b 得到验证；对解释变量创始人关系性资源而言，未加入中介变量前的回归系数为 0.0878（p<0.01），加入中介变量后，回归系数为 0.0872（p<0.01），解释变量的回归系数变小，表明民营上市公司基于创始人董事会地位保护的控制权配置是创始人关系性资源与企业绩效的中介变量，H5.2c 得到验证。为确保回归分析结果的稳健性，本章将 ROE 作为上市公司绩效的替代变量，重新进行中介效应分析，如表 5-5 所示，中介效应分析的结果与前文一致。

表 5-5　控制权配置的中介作用（ROE）

变量	ROE					
	(1)	(2)	(3)	(4)	(5)	(6)
FS_1	0.0005 * (1.66)	0.0004 (1.54)				
FS_2			0.0059 ** (2.52)	0.0057 ** (2.41)		
FS_3					0.0041 * (1.69)	0.0040 * (1.62)
FC_2		0.0007 *** (2.79)		0.0006 *** (2.76)		0.0007 *** (2.82)
FA	0.0002 (0.55)	0.0002 (0.54)	0.0001 (0.32)	0.0001 (0.32)	0 (0.11)	0 (0.10)
BS	0.0002 (0.80)	0.0001 (0.55)	0.0005 *** (3.62)	0.0005 *** (3.16)	0.0005 *** (3.47)	0.0005 *** (3.00)
D	−0.0026 (−0.44)	−0.0068 (−1.12)	−0.0027 (−0.46)	−0.0068 (−1.13)	−0.0018 (−0.31)	−0.0061 (−1.01)
T	0.0015 *** (6.08)	0.0016 *** (6.31)	0.0016 *** (6.37)	0.0017 *** (6.60)	0.0015 *** (6.02)	0.0016 *** (6.26)

续表

变量	ROE					
	(1)	(2)	(3)	(4)	(5)	(6)
S1	0.0087 **	0.0083 **	0.0096 **	0.0092 **	0.0085 **	0.0081 **
	(2.32)	(2.23)	(2.58)	(2.49)	(2.27)	(2.18)
N	0	0	0.0001	0.0001	0	0
	(0.01)	(0.03)	(0.09)	(0.10)	(0.00)	(0.01)
CR	0.0001	0.0001	0.0001	0.0001	0.0001	0.0001
	(0.93)	(0.89)	(0.88)	(0.84)	(0.90)	(0.87)
L	0.0001	0.0002	0.0002	0.0002	0.0002	0.0002
	(0.28)	(0.29)	(0.30)	(0.31)	(0.29)	(0.31)
IS	−0.0006 **	−0.0006 **	−0.0006 **	−0.0006 **	−0.0006 **	−0.0006 **
	(−2.57)	(−2.53)	(−2.52)	(−2.48)	(−2.45)	(−2.41)
dshrs	−0.0021	−0.0019	−0.0026	−0.0024	−0.0029	−0.0027
	(−0.95)	(−0.88)	(−1.18)	(−1.11)	(−1.31)	(−1.25)
constant	−0.214 **	0.0013 **	−0.2556 ***	0.0012 *	−0.2059 **	0.0014 **
	(−2.52)	(2.00)	(−2.96)	(1.79)	(−2.41)	(2.16)
行业	YES	YES	YES	YES	YES	YES
年份	YES	YES	YES	YES	YES	YES
样本数	4101	4101	4101	4101	4101	4101
Chi^2	138.70	146.84	142.38	150.44	138.67	147.06
$Prob>Chi^2$	0.000	0.000	0.000	0.000	0.000	0.000

注：***、**、*分别表示在1%、5%、10%水平上显著。

综上所述，民营上市公司创始人关键性资源能够通过基于董事会地位保护的控制权配置发挥作用，增强创始人在企业各类经营决策中的话语权，进而影响企业绩效。具体来说，上市公司董事理论上由股东决定，但由于创始人同时兼具多重角色，其在一定程度上还能影响董事人员的选择，这就导致董事会成员并非由股东选择，在一定程度上还会受到创始人（企业家）的影响。

而企业创始人对董事会的控制从本质上来说就是获得董事会多数成员的支持，保证创始人意志在董事会会议上给予通过。在传统公司治理理论中，企业股东按照持有的股权比例，向企业董事会派遣董事，保证自己在董事会中的相应利益。当董事会的多数成员均来自同一股东，那么该股东自然就获得了董事会的控制权。在民营上市公司创始人股权（财务性资源）不断被稀释，创始人及创始团队成员拥有股份无法达到控股时，创始人显然无法获得超半数的董事会成员席位。此时，创始人会通过其非财务性资源（知识性资源、关系性资源）的作用，进而影响其他董事的投票意向，从而间接取得董事会的控制权。例如，在董事会决策中，创始人可以通过构建和使用其与董事之间的强连带关系，强化对董事的影响，进而获得或维持对董事会的控制。基于创始人财务性资源和非财务性资源（知识性资源、关系性资源）的作用，随着创始团队及内部成员进入上市公司董事会，董事会治理机制也由正式的契约治理转向非正式关系治理，这将有助于减少其内部治理中的机会主义行为，从而降低代理成本，提高董事会的决策效率，从而促进民营企业绩效。综上所述，本书认为创始人关键性资源可以强化创始人对董事会层面的控制权配置，进而影响民营企业绩效。

第五节　本章小结

本章基于中介效应模型对上市公司控制权配置在创始人关键性资源与企业绩效间的中介效应进行了研究。首先，从资源基础理论视角分析了创始人关键性资源对民营上市公司绩效的影响；其次，从控制权配置的中介作用出发，对民营上市公司基于董事会地位保护的控制权配置对创始人关键性资源对民营上市公司绩效的中介作用进行理论分析；最后，以 2010~2018 年在 A 股市场首先发行股票的民营上市公司为研究样本，运用面板数据（随机效应模型）对理论假设进行实证检验。结果表明，第一，创始人关键性资源是民营企业绩效的重要影响因素，创始人财务性资源、知识性资源、关系性资源均能影响民营上市公司绩效；第二，民营上市公司基于董事会地位保护的控制权配置在创始人关键性资源与企业绩效之间能够起到中介作用，民营上市公司创始人可以通过关键性资源的动用增强其在公司中的话语权、董事会的支持以及企业经营决策的影响力，进一步降低代理成本、提高董事会决策效率，进而促进民营企业绩效。

第六章　研究结论与展望

本书提出"创始人关键性资源"的概念并构建了这一关键性资源的多维指标体系，综合运用理论分析、案例分析和大样本实证检验等研究方法，系统探析了创始人关键性资源对民营上市公司控制权配置及企业绩效的影响。本章将在系统概括本书核心内容、总结研究成果、分析不足与局限的基础上，给出本书的主要研究结论和管理启示，并就如何进一步深入研究、破解局限进行思考和展望。

第一节　研究结论

本书围绕"创始人关键性资源、控制权配置与民营企业绩效"这一基本命题，综合运用探索性案例分析和实证检验等一系列研究方法，依次对以下问题进行了研究：创始人关键性资源的特征维度构成，创始人关键性资源对民营上市公司控制权配置的影响，民营上市公司基于创始人保护的控制权配置对企业绩效的影响，控制权配置在创始人关键性资源与民营企业绩效之间关系的中介作用。通过前文各章节的系统研究，主要形成如下结论：

一、创始人关键性资源对民营上市公司控制权配置有显著影响

创始人关键性资源是创始人在创建及经营企业过程中通过个人努力和成长而

形成的对企业发展至关重要的资源，创始人财务性资源、知识性资源、关系性资源三个方面相辅相成、相互作用，共同构成了创始人关键性资源的特征维度。在理论分析和探索性案例分析的基础上，本书运用民营上市公司的大样本数据，对创始人关键性资源对民营上市公司控制权配置的影响进行了实证检验。研究发现：①创始人关键性资源对民营上市公司控制权配置有积极的正向影响。资源是权力的载体，权力虽不等同于资源但须依托资源，权力的大小取决于控制资源的程度，创始人关键性资源是影响其能否取得控制权的关键因素，创始人关键性资源越丰裕，民营上市公司控制权配置越有利于创始人控制权保护。同时，从创始人关键性资源的三个方面对上市公司控制权配置的影响程度看，创始人知识性资源对上市公司控制权配置的影响程度最大，关系性资源次之，财务性资源的影响程度最小。②区域制度环境对创始人关键性资源与控制权配置之间的关系起调节作用。随着制度环境中市场化进程的提高，上市公司面临的制度环境、市场环境将会更加完善，非正式机制的作用随之减弱，创始人关键性资源对上市公司控制权配置的影响也会减弱。即市场化进程越高的地区，创始人关键性资源对上市公司控制权配置的影响越小。

二、民营上市公司基于创始人保护的控制权配置对企业绩效有显著影响

本书首先将民营上市公司控制权配置的维度进行细分，将控制权配置分解为基于创始人 CEO 职位保护的控制权配置和基于创始人董事会地位保护的控制权配置两个维度。然后，对民营上市公司基于创始人保护的控制权配置与企业绩效之间的影响关系进行实证检验。研究发现：①与非创始人相比，民营上市公司基于创始人保护的控制权配置与公司业绩显著正相关、与业绩波动显著负相关，且创始人管理对公司业绩影响的长期效应大于短期效应。创始人掌握上市公司控制权，不仅仅是个人意愿，更是企业获得长久、持续发展，保持基业长青的必然选择。②创始人关键性资源在控制权配置与公司业绩之间的关系中发挥着一定的调节作用，民营上市公司基于创始人保护的控制权配置对企业业绩的正向影响随创始人关键性资源的增加而减弱。为继续保持对企业的控制，创始人可能将原本可用于为企业创造价值的精力、资源转移到本人控制权的获取和维持这一目标上，同时基于家族社会情感财富观视角，由于创始人个人以及创业家族财富与企业价值存在较强的利益趋同特征，在进行风险决策时考虑到股权稀释及权威系统破坏问题通常会有意识规避风险，进而使得企业在市场中的竞争力下降，业绩受到影响。

三、控制权配置对创始人关键性资源与民营企业绩效关系具有中介作用

本书基于资源基础理论，确定了"创始人关键性资源—控制权配置—民营企业绩效"的理论分析框架，并对控制权配置的中介作用进行了检验。实证检验结果表明：控制权配置对创始人关键性资源与民营企业绩效之间关系具有一定的中介作用。该研究结论能够揭示创始人关键性资源对民营企业绩效的部分作用路径。创始人关键性资源的影响首先作用于控制权配置上，民营上市公司创始人可以通过关键性资源的动用增强其在公司中的话语权、董事会的支持以及企业经营决策的影响力，进一步降低代理成本、提高董事会决策效率，进而促进民营企业绩效。

第二节 管理启示

一、设置股权安全边际，占据关键性资源

企业的快速发展需要更多的资金支持，进而会引起企业的融资行为，进而带来创始股东的股权快速被稀释，影响创始人的控制权地位。创始人若想继续保持对企业的控制，最有效且最直接的方式就是设置股权安全边际。然而，在企业发展壮大以及向公众公司转型的过程中，想通过持有公司较高股权而保证对公司绝对控制并非易事，因此，在创始人股权被不断稀释、持股比例减少的不可避免情况下，除设置"安全边际线"，占据其他关键性资源也同样重要。作为财务性资源的补充，知识性资源和关系性资源可以在特定时期（当财务性资源不占据绝对优势时）发挥作用，以实现创始人对控制权的获取及维持。

二、从个人控制到制度设计，加强对创始人控制权的制度性保护

根据资源依赖理论的观点，任何一家组织都无法实现自给自足，因此，基于生存压力，组织需要与外界环境进行互动，资源的稀缺性和重要性决定组织依赖的本质和范围。然而，知识性资源、关系性资源并不稳定，随着资源的动态变化，企业与资源的依存状态也会发生变化，由于知识性资源、关系性资源影响力的大小主要取决于企业对这些资源的依赖程度，因此当知识性资源的稀缺性、不可替代性逐渐弱化，创始人与利益相关者等关系人之间的信任机制遭到破坏，关系性资源瓦解后，创始人与资本博弈的能力将会减弱或消失，因此，合理的制度设计显得尤为重要。作为当前权力拥有者，创始人可以基于资源优势进行制度设计以追求权力。例如，采用多层股权结构、投票协议等制度安排的方式，一方面，可以提升其对组织控制的合法性；另一方面，这种制度安排也可以减弱其对资源的依赖程度。因此，创始人控制权的保护应该从个人控制过渡到制度设计，以加强对创始人控制权的制度及法律性保护。

三、正视风险，适度承担风险

民营上市公司创始人应正视风险，认识到适度风险承担行为的积极意义，从控制权保护的个人控制过渡到有利于企业家精神发挥的制度设计，在降低企业对创始人关键性资源依赖的同时缓解其对控制权配置与企业绩效之间关系的负向调节作用，从而为公司治理机制的设计提供参考。

第三节　研究局限与未来展望

本书对于当前我国民营上市公司的发展以及创始人控制权保护有一定的理论价值和现实意义，但由于客观资料收集约束和主观能力限制，本书还存在如下

不足：

第一，囿于数据的可得性，本书的样本数据主要来源于我国民营上市公司数据，由于创始人关键性资源的概念内涵非常丰富，在研究中进行科学的操作化测量难度很大，因此本书利用代理变量对创始人关键性资源进行测度，但作为一种间接测量指标，创始人关键性资源的测量可能会忽略关键性资源的某些方面，无法完全反映其本质特征，未来可以尝试结合问卷调查和选取更多的典型案例进行深入剖析。

第二，创始人关键性资源对民营企业绩效的影响机制研究还有待进一步深入。本书主要分析了民营上市公司基于创始人保护的控制权配置在创始人关键性资源与民营企业绩效中的中介作用。但事实上，创始人关键性资源对民营企业绩效的影响路径并非控制权配置一条，未来的研究应考虑探索创始人关键性资源对民营企业绩效影响的其他路径，并与控制权配置的中介作用进行对比研究。除此之外，本书主要针对民营上市公司控制权配置进行了研究，实际上，不同类型的企业在我国转型时期所面临的资源约束存在明显差异，因此，对国有企业、合资企业以及不同行业的经理人（创始人）关键性资源如何影响控制权及其对企业业绩的作用，有待进一步探索。

第三，探索性案例分析在研究深度、研究方法上有待进一步提升。本书通过对万科、当当和雷士照明进行探索性案例分析，初步探析了控制权演进过程中不同类型创始人关键性资源的作用。尽管本书所选案例具有一定代表性，但由于案例研究内容难以囊括实证假设的所有变量，一定程度上影响了本书主题中创始人关键性资源、控制权配置与民营企业绩效的动态性和隐蔽性特征的挖掘深度，以及对所有变量间关系检验的准确性，研究结论的普适性需要进一步提高。另外，在探索性案例研究方法上，可以通过结合访谈、问卷调查以及文本分析等方法尽可能获取更多的一手资料，以增强研究结论的效度与科学性。

参考文献

［1］ Adams R B, Almeida H, Ferreira D. Powerful CEOs and Their Impact on Corporate Performance ［J］. Review of Financial Studies, 2005, 18 （4）: 1403 - 1432.

［2］ Adams R B, Almeida H, Ferreira D. Understanding the Relationship Between Founder-CEOs and Firm Performance ［J］. Journal of Empirical Finance, 2009, 16 （1）: 136-150.

［3］ Aghion P, Bolton P. An Incomplete Contracts Approach to Financial Contracting ［J］. Review of Economic Studies, 1992, 59 （3）: 473-494.

［4］ Aghion P, Tirole J. Formal and Real Authority in Organizations ［J］. Journal of Political Economy, 1997, 105 （1）: 1-29.

［5］ Allen F, Qian J, Qian M. Law, Finance, and Economic Growth in China ［J］. Journal of Financial Economics, 2005, 77 （1）: 57-116.

［6］ Amoako-Adu B, Baulkaran V, Smith B F. Executive Compensation in Firms with Concentrated Control: The Impact of Dual Class Structure and Family Management ［J］. Journal of Corporate Finance, 2011, 17 （5）: 1580-1594.

［7］ Anderson R C, Reeb D M. Founding-Family Ownership and Firm Performance: Evidence from the S&P 500 ［J］. The Journal of Finance, 2003, 58 （3）: 1301-1327.

［8］ Antonczyk R C, Salzmann A J. Venture Capital and Risk Perception

[J]. Ztschrift für Betriebswirtschaft, 2012, 82 (4): 389-416.

[9] Barney J B, Arikan A M. The Resource-Based View: Origins and Implications [J]. Handbook of Strategic Management, 2001 (1): 124-188.

[10] Barney J B, Jr D J K, Wright M. The Future of Resource-Based Theory [J]. Journal of Management Official Journal of the Southern Management Association, 2011, 37 (5): 1299-1315.

[11] Barney J B, Mackey T B. Testing Resource-Based Theory [J]. Research Methodology in Strategy & Management, 2005 (2): 1-13.

[12] Barney J B. Firm Resources and Sustained Competitive Advantage [J]. Journal of Management, 2009, 17 (1): 3-10.

[13] Barney J B. Strategic Factor Markets: Expectations, Luck, and Business Strategy [J]. Management Science, 1986, 32 (10): 1231-1241.

[14] Berglof E. A Control Theory of Venture Capital Finance [J]. Journal of Law Economics & Organization, 1994, 10 (2): 247-267.

[15] Berle A, Means G. The Modern Corporate and Private Property [J]. California Law Review, 1932, 21 (1): 78-79.

[16] Bernstein S, Giroud X, Townsend R R. The Impact of Venture Capital Monitoring [J]. Journal of Finance, 2016, 71 (4): 1591-1622.

[17] Bertrand M, Schoar A, et al. Managing with Style: The Effect of Managers on Firm Policies [J]. Quarterly Journal of Economics, 2003, 118 (4): 1169-1208.

[18] Bettignies J E D. Financing the Entrepreneurial Venture [J]. Management Science, 2008, 54 (1): 151-166.

[19] Bienz C, Hirsch J. The Dynamics of Venture Capital Contracts [J]. Review of Finance, 2012, 16 (1): 157-195.

[20] Blair M M. Corporate "Ownership" [J]. Brookings Review, 1995, 13 (1): 16-20.

[21] Blair M. Ownership and Control: Rethinking Corporate Govermance for the Twenty-First Century [M]. Washington: The Brookings Institution, 1995.

[22] Blumberg P I. The Law of Corporate Groups [M]. New York: Little, Brown and Company, 1983.

[23] Bromiley P, Papenhausen C. Assumptions of Rationality and Equilibrium in Strategy Research: The Limits of Traditional Economic Analysis [J]. Strategic Organization, 2003 (1): 413-437.

[24] Burkart M, Panunzi F, Shleifer A. Family Firms [J]. The Journal of Finance, 2003, 58 (5): 2167-2201.

[25] Busenitz L W, Arthurs J D, Hoskisson R E, et al. Venture Capitalists and Information Asymetries in the Pricing of IPO Securities [J]. Academy of Management Proceedings, 2003, 6 (2): 1-6.

[26] Chan Y S, Siegel D, Thakor A V. Learning, Corporate Control and Performance Requirements in Venture Capital Contracts [J]. International Economic Review, 1990, 31 (2): 365-381.

[27] Charles E, Garry D. Founder/Chief Executive Officer Exit: A Social Capital Perspective of New Ventures [J]. Journal of Small Business Management, 2006, 44 (2): 207-220.

[28] Claessens S, Djankov S, Lang L H P. The Separation of Ownership and Control in East Asiancorporations [J]. Journal of Financial Economics, 2000, 58 (1): 81-112.

[29] Clercq D D, Fried V H. Venture Capitalists' Communication and Commitment: A Practitioner's Perspective [J]. Entrepreneurship and the Financial Community: Starting up and Growing New Businesses, 2007, 24 (1): 120-131.

[30] Coase R H. Nature of the Firm [J]. Economica, 1937, 4 (16): 386-405.

[31] Colombo M G, Grilli L, Murtinu S, et al. Effects of International R&D Alliances on Performance of High-tech Start-ups: A Longitudinal Analysis [J]. Strategic Entrepreneurship Journal, 2009, 3 (4): 346-368.

[32] Connelly B L, Hoskisson R E, Tihanyi L, et al. Ownership as a Form of Corporate Goverance [J]. Journal of Mangement Studies, 2010, 47 (8): 1561-1589.

[33] Conner K R. A Historical Comparison of Resource-Based Theory and Five Schools of Thought Within Industrial Organization Economics: Do We Have a New Theory of the Firm? [J]. Journal of Management, 1991, 17 (1): 121-154.

[34] Cumming D, Johan S. Preplanned Exit Strategies in Venture Capital [J]. European Economic Review, 2008, 52 (7): 1209-1241.

[35] Daily C M, Dalton D. Financial Performance of Founder-Managed Versus Professionally Managed Corporations [J]. Journal of Small Business Management, 1992, 30 (2): 25-34.

[36] Demsetz H, Lehn K. The Structure of Corporate Ownership: Causes and Consequences [J]. Journal of Political Economy, 1985, 93 (6): 1155-1177.

[37] Demsetz H. Industry Structure, Market Rivalry, and Public Policy [J]. The Journal of Law & Economics, 1973, 16 (1): 1-9.

[38] Demsetz H. The Structure of Ownership and the Theory of the Firm [J]. The Journal of Law and Economics, 1983, 26 (2): 375-390.

[39] Dey A, Nikolaev V, Wang X. Disproportional Control Rights and the Governance Role of Debt [J]. Management Science, 2016, 62 (9): 2581-2614.

[40] Dittmann I, Ulbricht N. Timing and Wealth Effects of German Dual Class Stock Unifications [J]. European Financial Management, 2008, 14 (1): 163-196.

[41] Dollinger M J, Saxton T, Golden P A. Intolerance of Ambiguity and the Decision to Form an Alliance [J]. Psychological Reports, 1995, 77 (3f): 1197-1198.

[42] Drees F, Mietzner M, Schiereck D. Effects of Corporate Equity Ownership on Firm Value [J]. Review of Managerial, 2013, 7 (3): 277-308.

[43] Eisenhardt K M. Building Theories from Case Study Research [J]. Academy of Management Review, 1989, 14 (4): 532-550.

[44] Eldridge D. Optimal Allocation of Decision Rights for Value-Adding in Venture Capital [J]. Management Decision, 2007, 45 (5): 897-909.

[45] Evans D S, Jovanovic B. An Estimated Model of Entrepreneurial Choice under Liquidity Constraints [J]. Journal of Political Economy, 1989, 97 (4): 808-

827.

[46] Faccio M, Lang L. The Ultimate Ownership of Western European Corporations [J]. Journal of Financial Economics, 2002 (65): 365-395.

[47] Fahlenbrach R. Founder CEO, Investment Decisions, and Stock Market Performance [J]. Journal of Financial and Quantitative Analysis, 2009, 44 (2): 439-466.

[48] Fama E F, Jensen M C. Separation of Ownership and Control [J]. Journal of Law and Economics, 1983 (2): 301-325.

[49] Fan J P H, Wong T J, Zhang T. Founder Succession and Accounting Properties [J]. Contemporary Accounting Research, 2012, 29 (1): 283-311.

[50] Felin T, Hesterly W S. The Knowledge-Based View, Nested Heterogeneity, and New Value Creation: Philosophical Considerations on the Locus of Knowledge [J]. Academy of Management Review, 2007, 32 (1): 195-218.

[51] Filatotchev I, Chahine S, Bruton G. The Impact of Founders' Ownership, Social Capital and Investors on IPO Stock Market Performance [Z]. Working Paper, 2006.

[52] Fischer H M, Pollock T G. Effects of Social Capital and Power on Surviving Transformational Change: The Case of Initial Public Offerings [J]. Academy of Management Journal, 2004, 47 (4): 463-481.

[53] Foss N J, Lyngsie J, Zahra S A. The Role of External Knowledge Sources and Organizational Design in the Process of Opportunity Exploitation [J]. Strategic Management Journal, 2013, 34 (12): 1453-1471.

[54] Gebhardt G, Schmidt K M. Conditional Allocation of Control Rights in Venture Capital Finance [Z]. CEPR Discussion Paper, 2006.

[55] Gorman M, Sahlman W A. What do Venture Capitalists do? [J]. Journal of Business Venturing, 1989, 4 (4): 231-248.

[56] Grant R M. The Resource-Based Theory of Competitive Advantage: Implications for Strategy Formulation [J]. Knowledge and Strategy, 1991, 33 (3): 3-23.

[57] Grant R M. Toward a Knowledge-Based Theory of the Firm [J]. Strategic Management Journal, 1996 (17): 109-122.

[58] Grossman S J, Hart O D. The Costs and Benefits of Ownership: A Theory of Vertical and Lateral Integration [J]. Journal of Political Economy, 1986, 94 (4): 691-719.

[59] Hart O, Moore J. Property Rights and the Nature of the Firm [J]. Journal of Political Economy, 1990, 98 (6): 1119-1158.

[60] Hellmann T. IPOs, Acquisitions, and the Use of Convertible Securities in Venture Capital [J]. Journal of Financial Economics, 2006, 81 (3): 649-679.

[61] Hellmann T. The Allocation of Control Rights in Venture Capital Contracts [J]. RAND Journal of Economics, 1996, 29 (1): 57-76.

[62] He L. Do Founders Matter? A Study of Executive Compensation, Governance Structure and Firm Performance [J]. Journal of Business Venturing, 2008, 23 (3): 257-279.

[63] He L. Do Founders Matter? A Study of Executive Compensation, Governance Structure and Firm Performance [J]. Journal of Business Venturing, 2008, 23 (3): 257-280.

[64] Hillman A J, Withers M C, Collins B J. Resource Dependence Theory: A Review [J]. Journal of Management, 2009 (35): 1404-1427.

[65] Hitt M A, Ireland R D. Corporate Distinctive Competence, Strategy, Industry and Performance [J]. Strategic Management Journal, 1985, 6 (3): 273-293.

[66] Hitt M A, Ireland R D. Relationships among Corporate Level Distinctive Competencies, Diver-Sification Strategy, Corporate Strategy and Performance [J]. Journal of Management Studies, 2010, 23 (4): 401-416.

[67] Huang H C. Technological Innovation Capability Creation Potential of Open Innovation: A Cross-Level Analysis in the Biotechnology Industry [J]. Technology Analysis & Strategic Management, 2011 (1): 49-63.

[68] James H S. Owner as Manager: Extended Horizons and the Family Firm

[J]. International Journal of the Economics of Business, 1999, 6 (1): 41-55.

[69] Jason W H. The Survival of the U. S. Dual Class Share Structure [J]. Journal of Corporate Finance, 2017 (44): 440-450.

[70] Jensen M C, Ruback R S. The Market for Corporate Control: The Scientific Evidence [J]. Journal of Financial Economics, 1983 (11): 5-50.

[71] Johnson S, Porta R L, Silane S F L D, et al. Tunneling [J]. American Economic Review, 2000, 90 (2): 22-27.

[72] Jorgensen S, Kort P M, Dockner E J. Venture Capital Financed Investments in Intellectual Capital [J]. Journal of Economic Dynamics and Control, 2006, 30 (11): 2339-2361.

[73] Kapian S N, Stromberg P. Characteristics Contracts and Actions: Evidence from Venture Capitalist Analyses [J]. Journal of Finance, 2004, 59 (5): 2177-2210.

[74] Kaplan N, Stromberg P. Financial Contracting Theory Meets the Real World: An Empirical Analysis of Venture Capital Contracts [J]. Review of Economic Studies, 2003, 70 (2): 281-315.

[75] Kaplan S N, Martel F, Stromberg P. How do Legal Differences and Learning Affect Financial Contracts? [Z]. Working Paper, National Bureau of Economic Research, 2003.

[76] Kasper W, Streit M E. Institutional Economics: Social Order and Public Policy [M]. Cheltenham: Edward Elgar, 1998.

[77] Kirilenko A A. Valuation and Control in Venture Capital [J]. Journal of Finance, 2001, 56 (2): 565-587.

[78] Kogut B, Zander U. Knowledge of the Firm, Combinative Capabilities and the Replication of Technology [J]. Organization Science, 1992, 3 (3): 383-397.

[79] La Porta R, Lopez-de-Silanes F, Shleifer A, et al. Investor Protection and Corporate Governance [J]. Journal of Financial Economics, 2000, 58 (1): 3-27.

[80] Lauterbach B, Pajuste A. The Media and Firm Reputation Roles in Corpo-

rate Governance Improvements: Lessons from European Dual Class Share Unifications [J]. Corporate Governance, 2017, 25 (1): 4-19.

[81] Learned E P, Christensen C R, Andrew K R, et al. Business Policy [M]. Homewood, IL: Irwin, 1969.

[82] Leiblein M J. The Choice of Orgnanizational Governance Form and Performance: Predictions from Transactiong Cost, Resource-Based, and Real Opition Theories [J]. Journal of Management, 2003, 29 (7): 937-961.

[83] Lennox C S, Francis J R, Wang Z. Selection Models in Accounting Research [J]. Accounting Review, 2012, 87 (2): 589-616.

[84] Lerner J, Schoar L A. Does Legal Enforcement Affect Financial Transactions? The Contractual Channel in Private Equity [J]. The Quarterly Journal of Economics, 2005, 120 (1): 223-246.

[85] Li F, Srinivasan S. Corporate Governance When Founders are Directors [J]. Journal of Financial Economics, 2011, 102 (2): 454-469.

[86] Li K, Ortiz-Molina H, Zhao X. Do Voting Rights Affect Institutional Investment Decisions? Evidence from Dual-Class Firms [J]. Financial Management, 2008, 37 (4): 713-745.

[87] Lockett A, Morgenstern U, Thompson S. The Development of the Resource-Based View of the Firm: A Critical Appraisal [J]. International Journal of Management Reviews, 2009, 11 (1): 9-28.

[88] Lorsch J W, MacIver E. Pawns or Potentates: The Reality of America's Corporate Boards [M]. Boston: Harvard University Graduate School of Business Administration, 1989.

[89] Loss L. Fundamentals of Securities Regulation (the Second Edition) [M]. Boston: Little, Brown and Company, 1988.

[90] Lubit R. The Keys to Sustainable Competitive Advantage-Tacit Knowledge and Knowledge Management [J]. Organizational Dynamics, 2001, 29 (3): 164-178.

[91] Mace M L G. Directors: Myth and Reality [M]. Boston: Division of Re-

search Graduate School of Business Administration Harvard University, 1971.

[92] MacKinnon D P, Fairchild A J. Current Directions in Mediation Analysis [J]. Current Directions in Psychological Science, 2009 (18): 16-20.

[93] Manne H G. Mergers and the Market for Corporate Control [M]. Journal of Politinal Enonomy, 1965 (73): 110-120.

[94] Maritan C A, Peteraf M A. Invited Editorial: Building a Bridge Between Resource Acquisition and Resource Accumulation [J]. Journal of Management, 2011, 37 (5): 1374-1389.

[95] Mcguinness T, Morgan R E. Strategy, Dynamic Capabilities and Complex Science: Management Rhetoric vs. Reality [J]. Strategic Change, 2000, 9 (4): 209-220.

[96] Mcguire S T, Wang D, Wilson R J. Dual Class Ownership and Tax Avoidance [J]. Accounting Review, 2014, 89 (4): 1487-1516.

[97] Milgrom P, Holmstrom B. The Firm as Incentive System [J]. American Economic Review, 1994, 84 (4): 972-991.

[98] Miller D, Shamsie J. The Resource-Based View of the Firm in Two Environments: The Hollywood Firm Studios from 1936 to 1965 [J]. Academy of Management Journal, 1996, 39 (3): 519-543.

[99] Morck R, Shleifer A, Vishny R. Management Ownership and Market Valuation: An Empirical Analysis [J]. Journal of Financial Economics, 1988 (20): 293-315.

[100] Neson T. The Persistence of Founder Influence Management Ownership and Performance Effects at Initial Public Offering [J]. Strategic Management Journal, 2003, 24 (8): 707-724.

[101] Nessen A, Ruenzi S. Political Connectedness and Firm Performance: Evidence from Germany [J]. German Economic Review, 2010, 11 (11): 441-464.

[102] Newbert S L. Empirical Research on the Resource-Based View of the Firm: An Assessment and Suggestions for Future Research [J]. Strategic Management Journal, 2007, 28 (2): 121-146.

[103] Palia D, Ravid S A, Wang C J. Founders Versus Non-Founders in Large Companies: Financial Incentives and the Call for Regulation [J]. Journal of Regulatory Economics, 2008, 33 (1): 55-86.

[104] Park S H, Luo Y. Guanxi and Organizational Dynamics: Organizational Networking in Chinese Firms [J]. Strategic Management Journal, 2001, 22 (5): 455-477.

[105] Peng M W, Luo Y. Managerial Ties and Firm Performance in a Transition Economy: The Nature of a Micro-Macro Link [J]. The Academy of Management Journal, 2000, 43 (3): 486-501.

[106] Penrose E T. The Theory of the Growth of the Firm [M]. Oxford: Ltd., Great Britain Basil Blackwell, 1959.

[107] Peteraf M A. The Cornerstones of Competitive Advantage: A Resource-Based View [J]. Strategic Management Journal, 1993 (14): 179-191.

[108] Pfeffer J, Salancik G R. The External Control of Organizations: A Resource Dependence Perspective [M]. New York: Harper & Row, 1978.

[109] Philippe A, Patrick B. An Incomplete Contracts Approach to Financial Contracting [J]. Review of Economic Studies, 1992, 59 (3): 473-494.

[110] Prasad D, Bruton G D, Vozikis G. Signaling Value to Business Angels: The Proportion of the Entrepreneur's Net Worth Invested in a New Venture as a Decision Signal [J]. Venture Capital, 2000, 2 (3): 167-182.

[111] Priem R L, Butler J E. Is the Resource-Based "View" a Useful Perspective for Strategic Management Research? [J]. Academy of Management Review, 2001, 26 (1): 22-40.

[112] Rajan R G. Power in a Theory of the Firm [J]. Quarterly Journal of Economics, 1998, 113 (2): 387-432.

[113] Ribeiroa L D L, Carvalho A G D. Private Equity and Venture Capital in an Emerging Economy: Evidence from Brazil [J]. Venture Capital, 2008, 10 (2): 111-126.

[114] Ricardo D. Economic Essays [M]. New York: A. M. Kelly, 1966.

[115] Ronald W M, Wang C, Xie F. Agency Problems at Dual-Class Companies [J]. Journal of Finance, 2009, 64 (4): 1697-1727.

[116] Rumelt R P. Toward a Strategic Theory of the Firm [M]. Englewood Cliffs, NJ: Prentice Hall, 1984.

[117] Salancik G, Pfeffer J. Who Gets Power and How They Hold on to it: A Strategic—Contingency Model of Power [J]. Organizational Dynamics, 1977, 5 (4): 3-21.

[118] Santos F M, Eisenhardt K M. Constructing Markets and Shaping Boundaries: Entrepreneurial Power in Nascent Fields [J]. Academy of Management Journal, 2009, 52 (4): 643-671.

[119] Sapienza H J, Grimm C M. Founder Characteristics, Start-up Process, and Strategy/Structure Variables as Predictors of Shortline Railroad Performance [J]. Entrepreneurship Theory & Practice, 1997, 22 (1): 520-537.

[120] Sapienza H J, Korsgaard M A, Forbes D P. The Self-Determination Motive and Entrepreneurs' Choice of Financing [M]//Katz J A, Shepherd D. Cognitive Approaches to Entrepreneurship Research (Volume 6) . Burlington, MA: Elsevier Science & Technology Books, 2003.

[121] Sapienza H J, Timmons J A. The Roles of Venture Capitalists in New Ventures: What Determines Their Importance? [J]. Academy of Management Best Papers Proceedings, 1989 (1): 74-78.

[122] Selznick P. Leadership in Administration [M]. New York: Harper and Row, 1957.

[123] Shet D F, Lin H S. Impact of Venture Capital on Board Composition and Ownership Structure of Companies: An Empincal Study [J]. Intemational Journal of Management, 2007, 24 (3): 573-581.

[124] Shleifer A, Vishny R. Large Shareholders and Corporate Control [J]. Journal of Political Economy, 1986, 94 (3): 461-488.

[125] Sirmon D G, Hitt M A, Ireland R D, et al. Resource Orchestration to Create Competitive Advantage: Breadth, Depth, and Life Cycle Effects [J]. Journal of Management, 2011, 37 (5): 1390-1412.

[126] Smart S B, Zutter C J. Control as a Motivation for Underpricing: A Comparison of Dual and Single-Class IPOs [J]. Journal of Financial Economics, 2003, 69 (1): 85-110.

[127] Tirole J. Corporate Governance [J]. Econometrical, 2001, 69 (1): 1-35.

[128] Tolstoy D, Agndal H. Network Resource Combinations in the International Venturing of Small Biotech Firms [J]. Technovation, 2010 (1): 24-36.

[129] Tsui A S. Contextualization in Chinese Management Research [J]. Management and Organization Review, 2006, 2 (1): 1-13.

[130] Vauhkonen J. Financial Contracts and Contingent Control Rights [Z]. Bank of Finland Research Discussion Paper 14/2003, Bank of Finland, 2003.

[131] Villalonga B, Amit R. How Are U. S. Family Firms Controlled [J]. Review of Financial Studies, 2009, 22 (8): 3047-3091.

[132] Villalonga B, Amit R. How do Family Ownership, Management, and Control Affect Firm Value [J]. Journal of Financial Economics, 2006, 80 (2): 385-417.

[133] Wang L, Zhou F, An Y. Determinants of Control Structure Choice Between Entrepreneurs and Investors in Venture Capital-Backed Startups [J]. Economic Modelling, 2017, 63 (6): 215-225.

[134] Wang Y, Wilmshurst T. Corporate Governance and Performance Implications of CEO Ownership: Australian Evidence [C]. 2010: 1-26.

[135] Wasserman N. Founder-CEO Succession and the Paradox of Entrepreneurial Success [J]. Organization Science, 2003, 14 (2): 149-172.

[136] Wasserman N. The Throne VS. the Kingdom: Founder Control and Value Creation in Startups [J]. Strategic Management Journal, 2017, 38 (8): 255-277.

[137] Wernerfelt B. A Resource View of the Firm [J]. Strategic Management Journal, 1984, 5 (2): 171-180.

［138］Wernerfelt B. Invited Editorial：The Use of Resources in Resource Acqui-sition［J］. Journal of Management，2011，37（3）：1369-1373.

［139］Wiklund J, Shepherd D. Knowledge-Based Resources, Entrepreneurial O-rientation, and the Performance of Small and Medium-Sized Businesses［J］. Strategic Management Joumal，2003，24（13）：1307-1314.

［140］Williamson O E. The Economics of Organization：The Transaction Cost Ap-proach［J］. American Journal of Sociology，1981，87（3）：548-577.

［141］Yerramilli V. Moral Hazard, Hold-up, and the Optimal Allocation of Control Rights［J］. RAND Journal of Economics，2011，42（4）：705-728.

［142］Yin R K. Case Study Research：Design and Methods［M］. Thousand Oaks：Sage Publications Inc. ，1984.

［143］Zahra S A, Filatotchev I, Wright M. How do Threshold Firms Sustain Cor-porate Entrepreneurship? The Role of Boards and Absorptive Capacity［J］. Journal of Business Venturing，2009，24（3）：248.

［144］艾丰. 中介论——改革方法论［M］. 昆明：云南人民出版社，2000.

［145］常丽，陈诗亚. 家族企业创始人的专用性资产对企业价值的影响——基于控制权争夺视角的研究［J］. 宏观经济研究，2015（4）：24-28.

［146］陈健，贾隽，郭添添. 不同控制权结构下内部并购对托宾 Q 值的影响［J］. 证券市场导报，2015（7）：24-31.

［147］陈敏灵，党兴华，韩瑾，等. 科技型创业企业的控制权配置机理及仿真——基于相机控制模式下的分析［J］. 软科学，2015（7）：83-88.

［148］陈森发，刘瑞翔. 控制权在创业企业中的分配机制研究［J］. 东南大学学报（哲学社会科学版），2006，8（5）：12-16.

［149］丹尼斯郎. 权力论［M］. 北京：中国社会科学出版社，2001.

［150］党兴华，贺利平，王雷. 基于典型相关的风险企业控制权结构与企业成长能力的实证研究［J］. 软科学，2008（4）：136-139，144.

［151］德鲁克. 巨变时代的管理［M］. 周文祥，慕心，译. 北京：中天出版社，1998.

[152] 窦军生. 家族企业代际传承中企业家默会知识和关系网络的传承机理研究 [D]. 浙江大学博士学位论文，2008.

[153] 范莉莉，魏雅雯. 董事长教育背景对企业创新的影响研究——基于我国高新技术上市公司的实证分析 [J]. 西南交通大学学报，2019（4）：131-139.

[154] 高闯，关鑫. 社会资本、网络连带与上市公司终极股东控制权——基于社会资本理论的分析框架 [J]. 中国工业经济，2008（9）：88-97.

[155] 高愈湘，张秋生，杨航，等. 中国上市公司控制权市场公司治理效应的实证分析 [J]. 北京交通大学学报，2004（2）：36-41.

[156] 顾玲艳. 中国家族企业关系型控制权配置及其治理效率研究 [D]. 浙江工商大学博士学位论文，2016.

[157] 郭韬，王广益，吴叶，等. 企业家背景特征对科技型创业企业绩效的影响——一个有中介的调节模型 [J]. 科技进步与对策，2018（14）：65-72.

[158] 郝云宏，王淑贤. 我国国企企业家产生、激励和约束问题的特殊性 [J]. 管理世界，2000（2）：210-211.

[159] 贺小刚，连燕玲. 家族权威与企业价值：基于家族上市公司的实证研究 [J]. 经济研究，2009（4）：90-102.

[160] 贺小刚，张远飞. 上市公司创始人涉入情景下高管离任的实证研究 [J]. 经济管理，2012（5）：57-66.

[161] 贺小刚，张远飞，梅琳. 创始人离任对企业成长的影响分析 [J]. 管理学报，2013（6）：816-823.

[162] 侯剑平，姚关琦，徐平安. 上市公司控制权结构与企业绩效间内生性关系研究 [J]. 经济经纬，2012（5）：92-96.

[163] 胡波，王鸷然. 互联网企业创始人控制权对企业长期业绩的影响探究 [J]. 经济问题，2016（7）：70-75.

[164] 胡继立，年志远. 基于契约理论的企业控制权研究述评 [J]. 求索，2011（4）：9-11.

[165] 胡晓阳. 企业控制权的契约分析 [J]. 经济论坛，2006（7）：81-83.

[166] 华生，林辉，钟腾，等. A股市场引入双层股权结构可行吗——基于

交易空间与交易市场视角的分析 [J]. 财贸经济, 2019 (11): 98-112.

[167] 蒋哲昕. 企业控制权本质探讨 [J]. 广东社会科学, 2010 (2): 27-30.

[168] 劳剑东, 李湛. 控制权的相机分配与创业企业融资 [J]. 财经研究, 2004 (12): 28-33.

[169] 李海霞. CEO 权力、风险承担与公司成长性——基于我国上市公司的实证研究 [J]. 管理评论, 2017 (10): 198-210.

[170] 李诗田, 邱伟年. 政治关联、制度环境与企业研发支出 [J]. 科研管理, 2015, 36 (4): 56-64.

[171] 李四海, 陈旋. 企业家专业背景与研发投入及其绩效研究——来自中国高新技术上市公司的经验证据 [J]. 科学学研究, 2014 (10): 1498-1508.

[172] 李巍, 代智豪, 丁超. 企业家社会资本影响经营绩效的机制研究——商业模式创新的视角 [J]. 华东经济管理, 2018 (2): 51-57.

[173] 李维安, 丁振松, 孙林. 民营上市公司领导权分离的权力补偿效应研究 [J]. 管理学报, 2017, 14 (6): 789-797.

[174] 李艳妮. 创始 CEO 持股对新创企业绩效是促进还是抑制？——基于先前经验的调节效应分析 [J]. 现代财经（天津财经大学学报）, 2019 (11): 100-113.

[175] 李增泉, 辛显刚, 于旭辉. 金融发展、债务融资约束与金字塔结构——来自民营企业集团的证据 [J]. 管理世界, 2008 (1): 123-135.

[176] 李志学, 郜磊, 武庆刚, 等. 东西部企业社会资本比较 [J]. 商业时代, 2012 (21): 88-89.

[177] 梁洪学. 公司控制权配置的演进、变革及启示——基于英美模式与德日模式的比较视角 [J]. 当代经济研究, 2014 (12): 47-54, 97.

[178] 梁上坤, 金叶子, 王宁, 等. 企业社会资本的断裂与重构——基于雷士照明控制权争夺案例的研究 [J]. 中国工业经济, 2015 (4): 149-160.

[179] 刘斌, 刘毅. 家族上市公司创始股东控制权问题初探——以国美控制权之争为例 [J]. 特区经济, 2011 (6): 115-117.

［180］刘红娟，唐齐鸣．公司内部控制权的配置状态、寻租主体及治理机制分析［J］．南开管理评论，2004（5）：63-69.

［181］刘磊，万迪昉．企业中的核心控制权与一般控制权［J］．中国工业经济，2004（2）：68-76.

［182］刘力钢，刘杨，刘硕．企业资源基础理论演进评介与展望［J］．辽宁大学学报，2011（2）：108-115.

［183］鲁银梭．创投引入后的控制权配置与创业企业成长关系的模型构建［J］．商业时代，2014（8）：91-93.

［184］鲁银梭．风投引入后的主体行为与创业企业成长——基于控制权结构的调节作用［D］．浙江工商大学博士学位论文，2013.

［185］鲁银梭，郝云宏．创业企业控制权初始配置影响企业成长的机理研究［J］．华东经济管理，2013（1）：113-117.

［186］鲁银梭，郑秀田．创投引入后控制权配置对创业企业成长的影响［J］．管理案例研究与评论，2017（2）：87-100.

［187］逯东，孟子平，杨丹．政府补贴、成长性和亏损公司定价［J］．南开管理评论，2010（2）：97-104.

［188］买忆媛，李云鹤．创业企业的控制权与企业家才能匹配关系研究［J］．科技管理研究，2007（1）：127-129.

［189］潘越，戴亦一，吴超鹏，等．社会资本、政治关系与公司投资决策［J］．经济研究，2009（11）：82-94.

［190］钱颖一．企业理论［M］//汤敏，茅于轼．现代经济学前沿专题（第一集）．北京：商务印书馆，1989.

［191］乔朋华．企业家社会资本、技术创新能力对中小企业绩效的影响研究［D］．哈尔滨工业大学博士学位论文，2015.

［192］裘益政，徐莎．创始家族对上市公司价值的影响：一个综述［J］．财务研究，2016（5）：37-45.

［193］任广乾，汪敏达．中国上市公司政治关联度与绩效的实证研究［J］．山西财经大学学报，2010（9）：80-88.

［194］阮素梅，丁忠明，刘银国，等．股权制衡与公司价值创造能力"倒U型"假说检验——基于面板数据模型的实证［J］．中国管理科学，2014，22（2）：119-128.

［195］石晓飞，马连福．民营上市公司创始人、公司治理与公司价值［J］．预测，2014（2）：1-6.

［196］苏敬勤，王鹤春．第三方物流企业管理创新适配过程机制分析：多案例研究［J］．科学学与科学技术管理，2010（10）：69-77.

［197］孙俊华，陈传明．企业家社会资本与公司绩效关系研究——基于中国制造业上市公司的实证研究［J］．南开管理评论，2009（2）：28-36.

［198］汪祥耀，金一禾，毕祎．家族企业代际传承推动还是抑制了创新［J］．商业经济与管理，2016（12）：73-82.

［199］王春艳，林润辉，袁庆宏，等．企业控制权的获取和维持——基于创始人视角的多案例究［J］．中国工业经济，2016（7）：144-160.

［200］王季．控制权配置与公司治理效率——基于我国民营上市公司的实证分析［J］．经济管理，2009（8）：45-51.

［201］王季．中国民营上市公司控制权配置与公司治理效率［D］．辽宁大学博士学位论文，2007.

［202］王京，罗福凯．混合所有制、决策权配置与企业技术创新［J］．研究与发展管理，2017，29（2）：29-38.

［203］王雷．两类控制方式下创业企业剩余控制权特定制权配置机理——以金融工具为载体的创业投资两阶段投资分析［J］．科研管理，2014（5）：107-117.

［204］王雷．专用性投资、信任与创业企业控制权治理［J］．管理科学，2014（5）：50-68.

［205］王雷，党兴华，王修来．基于不完全契约的风险企业控制权配置影响因素研究［J］．科研管理，2010（4）：59-66，90.

［206］王雷，黄欢欢．公司创业投资与企业控制权配置：基于技术契合视角［J］．科学决策，2019（2）：21-46.

［207］王丽娜，高前善，杨玉红．创始人经营、社会资本与企业绩效［J］．财会月刊，2015（9）：9-15．

［208］王声凑，曾勇．现金流权不一致、利益冲突与控制权阶段转移［J］．管理科学学报，2010，13（9）：76-86．

［209］王艳波，高闯，胡登峰．创始人控制权、关键性资源与企业成长［J］．财贸研究，2019（8）：88-100．

［210］王颖．控制权配置与家族企业的成长［J］．贵州社会科学，2015（6）：131-138．

［211］W.理查德·斯科特，杰拉尔德·F.戴维斯．组织理论：理性、自然与开放系统的视角［M］．高俊山，译．北京：中国人民大学出版社，2011．

［212］魏良益．我国创新型企业引入双重股权结构制度研究［J］．经济体制改革，2019（3）：102-108．

［213］温忠麟，叶宝娟．中介效应分析：方法和模型发展［J］．心理学报，2014（5）：731-745．

［214］吴斌，刘灿辉．风投企业高管人力资本特征与控制权配置关系研究——来自深圳中小板的证据［J］．软科学，2010，24（4）：113-117．

［215］吴慧香，孙莉．终极控股股东视角下的控制权配置对企业创新的影响研究［J］．软科学，2019（9）：140-144．

［216］夏立军，方铁强．政府控制、治理环境与公司价值——来自中国证券市场的经验证据［J］．经济研究，2005（5）：40-51．

［217］夏立军，郭建展，陆铭．企业家的"政由己出"——民营IPO公司创始人管理、市场环境与公司业绩［J］．管理世界，2012（9）：132-141．

［218］徐炜，王超．民营高科技公司创始人控制权与公司业绩［J］．经济管理，2016（9）：61-75．

［219］徐细雄，淦未宇，万迪昉．企业控制权动态配置的内在机理及其治理效应——实验的证据［J］．经济科学，2008（4）：87-98．

［220］严若森，钱向阳，肖莎，等．家族涉入的异质性对企业研发投入的影响研究——市场化程度与政治关联的调节作用［J］．中国软科学，2019（11）：

129-138.

[221] 颜光华，沈磊，蒋士成. 基于资产专有性的企业控制权配置 [J]. 财经论丛，2005（2）：17-21.

[222] 杨浩，陈暄，汪寒. 创业型企业高管团队教育背景与企业绩效关系研究 [J]. 科研管理，2015（1）：216-223.

[223] 杨其静. 企业与合同理论的新阶段：不完全合同理论——兼评 Hart 的《企业、合同与财务结构》[J]. 管理世界，2005（2）：170-177.

[224] 杨瑞龙，聂辉华. 不完全契约理论：一个综述 [J]. 经济研究，2006（2）：104-115.

[225] 杨瑞龙，周业安. 论利益相关者合作逻辑下的企业共同治理机制 [J]. 中国工业经济，1998（1）：38-45.

[226] 易阳，宋顺林，谢新敏，等. 创始人专用性资产、堑壕效应与公司控制权配置——基于雷士照明的案例分析 [J]. 会计研究，2016（1）：63-70.

[227] 游家兴，邹雨菲. 社会资本、多元化战略与公司业绩——基于企业家嵌入性网络的分析视角 [J]. 南开管理评论，2014，17（5）：91-101.

[228] 余菁. 案例研究与案例研究方法 [J]. 经济管理，2004（20）：24-29.

[229] 余菁. 美国公司治理：公司控制权转移的历史分析 [J]. 中国工业经济，2009（7）：98-108.

[230] 余玉苗，黄晓旭，孙迪. 创始人专业背景与企业创新绩效：基于医药生物行业的实证研究 [J]. 会计论坛，2019（2）：131-139.

[231] 曾昭灶，李善民，陈玉罡. 我国控制权转移与投资者保护关系的实证研究 [J]. 管理学报，2012，9（7）：960-967.

[232] 瞿宝忠. 公司控制权配置：模型、特征与效率性选择研究 [J]. 南开管理评论，2003（3）：26-31，36.

[233] 瞿旭，杨丹，瞿彦卿，等. 创始人保护、替罪羊与连坐效应——基于会计违规背景下的高管变更研究 [J]. 管理世界，2012（5）：137-151.

[234] 张帏，姜彦福. 风险企业中的所有权和控制权配置研究 [Z]. 清华大

学中国经济研究中心，2003.

［235］张维迎. 企业的企业家—契约理论［M］. 上海：上海人民出版社，1995.

［236］张晓峰. 企业权力类型及其治理研究［J］. 山东社会科学，2011
（9）：141-144.

［237］张在冉，杨俊青. 居住条件、子女就学与农民工城市定居意愿——基
于 2017 年流动人口动态监测数据的实证分析［J］. 现代财经（天津财经大学学
报），2020（3）：84-98.

［238］章华，金雪军. 企业治理结构中的控制权配置问题初探［J］. 浙江社
会科学，2002（6）：14-16.

［239］赵昌文，庄道军. 中国上市公司的有效控制权及实证研究［J］. 管理
世界，2004（11）：126-135.

［240］赵晶，关鑫，高闯. 社会资本控制链替代了股权控制链吗？——上市
公司终极股东双重隐形控制链的构建与动用［J］. 管理世界，2010（3）：
127-139.

［241］赵晶，郭海. 公司实际控制权、社会资本控制链与制度环境［J］. 管
理世界，2014（9）：160-171.

［242］周其仁. "控制权回报"和"企业家控制企业"——公有制经济中
企业家人力资本产权的案例研究［J］. 经济研究，1997（5）：31-42.

［243］周其仁. 市场里的企业：一个人力资本与非人力资本的特别合约
［J］. 经济研究，1996（6）：71-77.

［244］朱国泓，杜兴强. 控制权的来源与本质：拓展、融合及深化［J］. 会
计研究，2010（5）：54-61.

［245］朱海英. 控制权配置视角下的上市公司股权激励效应研究［D］. 西
南财经大学博士学位论文，2014.

［246］朱心来，和丕禅. 风险企业控制权安排的博弈分析［J］. 软科学，
2003，17（4）：46-48.